James Adam

PUBLISHED BY: James .
Copyright © 2019 All rights

Introduction

Welcome to the Ultimate Snooker Word Search Collection!

If you are a fan of snooker and enjoy puzzles, then this is the perfect book for you! This puzzle collection is a celebration of the incredible natural talent and skill of the greatest players ever to have picked up a cue. It has 40 word searches on the greatest competitions in the game from the World and UK Championships and The Masters to the Scottish, Welsh and Irish Opens and many more.

Search for players who have made a maximum break, the players who have won the most games, the best players from the 1980s, 1990s, 2000s, the true legends of the game and much, much more besides.

Grab yourself a pencil now and prepare for the greatest video game word search collection anywhere! Challenge your friends and family to see who can become the true snooker search champion! If you enjoy playing or watching snooker, then you will love this word search collection.

I wish you the very best of luck. Let's get started right now!

James

Snooker Top Players I

```
C M Y K V G G Z U I Q B N F O I Z X L T
V F E G O S U L L I V A N Z R H E K L H
J C H M G E B N M R D D D F M O U F H F
Y H T F B F W Y K G Q Y B W I L S O N G
U Y I C D C Y R D X P T A X N N N A A L
K H X U H R L V C M P P T P B Q I B Z V
I V F E F D O Q G H R J Z R M M K C J A
C J Q B C T Y C L I O O M B G Z W A A L
F U W Q H S K Q W I L L I A M S A Z R L
K I R B T K G M L I A R N D V H H T O E
N H Q V T V D T Q Y P B O Y S K E L K N
M T P V N X L H P K B Y Z B D E I N I Z
P S V C G C I T U G K P H V E I L A S O
M O U R Q G W D V E W H M E O R N B O U
U X A O U V T Y V U B X W L Z P S G Y K
R T A B Y T X T J T C Q P T T T W T M E
T R L N Z P C D T O Z F I Y J I P D O X
V U D F Z R Q Z H E B V D I Z E J S J N
C W C H I G G I N S X J K A Z R F P T R
H P R K W S D L X L J U A T B H R K A X
```

Selby	Williams	OSullivan	Higgins	Trump
Allen	Wilson	Roberston	Ding	Hawkins

Snooker Top Players II

```
G U X F U B Q J E N V G P T Y S B U Q L
T V K V T Q C J W T B H Q S C R C Q M A
R M S W C E J U P I M W L I X S X S A U
E X Z Q K C J C E P A N M F B M K X G L
B W F L V Z B L R J H S L O I Z C I U W
L J B R F F L C R X G G K B K Q Z I I B
I J E K X K A A Y O N B A K W Z Z S R R
G T L F L Y F R A M I C K N S Z I X E E
D C N H B R G T V H B P W H X J Q T H C
I U D N T K X E W Y U F T D J L C S P E
U O V F U L O R B O P M Q U L U X X R L
T E T W S V M U I T S Z Q D E X C I N E
D H Y C E Y T X Z F D E Z N T I M A D J
A V B U F F C Z X Y Q C Y P O Y H O R U
J I I F H Q L Q Z R D F Y T N H X B J R
X Y R B L I S O W S K I H L A G S V P Q
F F A D A Y D O W G F K P W F B P X Q U
N K M S Y E M D E B D D R L B T U H N H
O Q L F N N H L D B K L U B R T V S C D
U R Y R G G U K G N Z M M Z C I M J H C
```

Murphy	Maguire	Brecel	Bingham	Lisowski
Gilbert	Day	Carter	Perry	Xiao

Snooker Top Players III

```
D A O X A R B S Z H N K Q J M C D T W F
E I D B V L E R D C Q A W V S B P I E N
X K E B T H X U H T D N H K H M G B O P
H W T M Z A C K I N G G O K Y N O L A C
R G F C T Z F W E L K R S N F S U B Q I
N P A R G Z J P O Z X O L G M R L O X U
X D L U D L F M S U R B Y Z N X D I H V
O J Q E V J U S H T S E D V G L V H Q U
Q P I N Z E C A L H B R Y H A N M O L M
R D U S E F Q E O D B T I J J N Y P Z B
F X T R H G B N N D O S H J L O W K N I
K P L J U M A G J M O O J J H S Q L E D
W O Z Q Z A G K F K P N K I F L Y V C L
V F V S R E L H V N A D V T I I S E C L
W O H G W V I A T N X F C Y F W N O C I
A H C Q E B B M T F V O H O A G C Q R G
Y D O T T G Y E A W L F O R D R Q N D C
H X B D E E Y D B U E L X B C Y G I H M
E Y H C Y A N J C S F U U X K C C D M N
Z O M P L J C A R E Q P Q W J R G G O M
```

Dott	McGill	Yan	Robertson	Fu
King	Ford	Gould	Saengkham	GWilson

Snooker Top Players IV

```
U Q C J G Q V J S V X H M E A X D P J D
L U T Z N B H J R I Y D H T Y R L U Q U
J O Q N A A N E I O C P X W J E I K H H
R G O Z H B F H J Z Z U Z B S D A V I S
C L R X A I N C X O I Y P X F M N W H M
Q G J I J Z Q Q C L I L H E L I G T B N
Q E C S P S M J K K T Q C M A L V G I U
M B I P C W C R K N E E A K J L C L A P
A A J T I A P Q X K F B X X Q E X D Z S
G S F T F K U L Y Z K B L E X N T I Q Y
M F T U R N P U N L H Q D C A N N J B Y
Y O G X W V A A F V J C A U X O E U A B
Z Y I R A I I Y E L R T H Q M D D F I M
Y A K L U X H M N T A A F T M O L I T A
M P N Y V X R F I I Y D J G F T A E U V
V U T X V S K H T L U Y E W V N W A O X
Q U Z R P H D F R B K W H I T E R F H D
G C R A I W L R C S R I A W Z O K A Z T
M J Z B J L K A Z E P S N X H Q Q V B U
Y Y G L R L I J L D Y A F S B M P Z P J
```

Walden	Liang	Vafaei	Zhou	Davis
Li	Milkins	White	Lyu	ODonnell

Snooker Top Players V

```
B S F X S U Q Y Y X O J Y L M T Q S Z C
Q X X I K M E L G B P X D I R V D T T W
C G V S E L T W C S Z D Z L E Q L K L Y
Z X N N S M Z Q U U P S A H G T X X O B
Q N T M G V Q R O Y X Y I R T D J U H Q
U C W C X G O A Z W Z J N S N J N N B E
I L G A A P C A Z L Z B X V L L O A T G
A C Z N K R W B U I Z S P G H K H J M F
D S E J G E R B P C H Z B H N T V F A Y
A N X G G N L I H L E L J A H S V X F F
M X P G W X K I N Q Y Z G K F D N W L B
F U Z P R D K P N G L F J V E N O F I Y
Q Z G V C S E F W G T H Y U Z P T H N A
S E K W C T B Y I C R O O O Y S S W M X
H S I X V E D S E R V Q N I A V A B E J
N M P H L V O L P N X F E G W F L G M O
K Y Y W S E N K O X X R W R E Z L K B Y
A M I I G N T L X H N G T O R T O J D C
R B A N O S W U J J T K I E U R O C Q E
U S V F I Q K S F Q Z J F G O G W I X T
```

Stevens	Carrington	Woollaston	Ebdon	Joyce
Holt	Wakelin	Georgiou	Maflin	Selt

World Championship Finalists I

```
K T P W P T Q S K G Q F Q W G X X V O G
C Q B M M I K Z M N M H C T Q W W N E D
D E B B Y E A I I I B B L P Y Z U A Z U
P E H Y U U D U W C X M T Z G C P V P S
M T N K Z A U J N Q T V H S G A C I Z I
Q J W V G Q H K D B S Q C P M R G L A M
X M R L J T S B N G T W H X H T S L Y O
G R H F X S M F Y E O I I Y M E M U R X
P H O U N X M D G W R J G H F R A S I G
U C C B Q I N U C S A P G G S O I O C W
U C G E E H N L R R O U I U O S L G E L
V X O O Z R W O G P K C N X U O L Q J F
Z Q F S A A T L K K H W S G X Q I F R X
I P P I O V N S W N B Y H X W G W R U R
J I M P M B C G O F I Q U B Q A M W O W
C O U O K R J G O N N V W T X G R J G F
P J R C B V I D M H G B S E L B Y K A Q
X A T Y R C A I X O H O N D Y X Z S A Q
I G R S V C S L K S A T J D P J N N A V
G O T L C W G B F D M B V D I N G J W Z
```

| Williams | Higgins | Selby | Ding | Bingham |
| Murphy | OSullivan | Carter | Trump | Robertson |

World Championship Finalists II

```
A M T Y F I G C E C P A O X L B H A W M
O K X G W F S E P Y K U C B D P X T K P
C Z M L Z T Q K U R X D Z P E I Y Y Q R
Q O P A R R O T T M G T G G M E E L A A
S A Z H R L W G B I E S E Y P M T P Z W
Y C L V Z N D K B T M W B T K Z Q J D I
S D O Z Q P K G A T Z Q D R N E Q J N J
H Q S R K A Z E J Z V K O E O A E T C K
T T L O D G N H X X Y N N H C M S E P H
I K Z Q Q C V I R I K C T O E V N Z M I
F B V E W B T T A X J I A D O U B G W T
F C V P G D S S D R P D F O V D J V L Z
I T L L Z M K S T J T B N Z S E Z H N Z
R T S V G X I Y Q L M P B V N R I I G M
G O K W S V E Q H H L L T D E E E Y L R
J O H N S O N L I E W B T N V T A O B T
R F R S Y U B I S H N E O O E I O J Z E
L U B M M M U U Z Y G D D B T H Y N L M
Z V I Y E O Q W N T X I R V S W C Y M T
S N Z I X A P R U H J T H Y U S P X D Q
```

Dott	Ebdon	Stevens	Hendry	Doherty
Bond	White	Parrott	Griffiths	Johnson

World Championship Finalists III

```
L B J B R X D X N P E D Y D J D L S H O
F H U F E C H A R L T O N A A V M P V K
Z P R U A I N T Q Q R C F B O M Y E H O
L X P A R P M H Z G N S C Y Q J F N G Q
H K U R D Z J I S L N I E H Q G H C M W
H U H R O B A A L J P S W Q A A S E A V
I B Q Q N T M Y H E N O F A F I I R N G
H W Q C R P D X N B S P B L K A V Q S U
R O S H F J Z B N Z C L F B R G A P H R
E B N Z P Q H A R J C I T K F O D U B H
E D I D R M I W U Q U B K I Q R W L W X
O D G G Q M O E B O R T V S B N D M W O
O I G O J W E M R E B I U B K H J A L B
Z O I Y E N J P O G P P S V C O H N H V
W D H N I O J E H N W U I B G F P P J L
B J K Y U Y E H T S X M M L Z A S W D W
S J J T Y L C R Q B A K P H I O T L T Y
Q R H M K Z C K R W U K S G U A Z Y P G
O O I R Z D Y O A L T O O E V K R G H B
Y J K W E S H K T I A Q N D J R D U A C
```

Davis	Thorburn	Higgins	Reardon	Mans
Charlton	Miles	Spencer	Simpson	Pulman

UK Championship Finalists I

```
Q H V N O V P Q K O O G M A G S H H S J
U E U E Q J N Q N H E P V Z I U B V V M
K N F U S E T B U U C Q X A C Q F T W T
U N G P V L J S E C D T S F Z L O O D S
D U K S L Q H E P U J F M E B S A K N J
K F O Z I R O M A C L Y M N L I K N T F
Y W B O A O L M T P H J Q D D B Y X T X
P C A N N B P N U H D F E I P L Y Q M U
M D I A G E N C W R M L E D V U K J W C
V K K V U R I Z I R P H H W H X E J G R
Q S V I M T A O M V Y H T K I P M D Q O
R P Y L N S B O U C X W Y T G Z R V Y H
P N C L Q O L L F G S J D N G C C K J O
R Q B U Y N Z O M M A Z D I I N V P N U
B Z T S H E D Y C F L U I B N H L M D P
I Q N O G H H I H B L D N G S Y V U F H
U D R R I H E O H H E E G G F I M R N N
D Y X X B M B A H D N Z X A P O H T E B
H U I R Z F O M Z Q T X U R Z F H M E H
S G U C S C Y S Z H X Y G A E S A U X M
```

OSullivan	Allen	Murphy	Selby	Robertson
Liang	Trump	Higgins	Ding	Fu

UK Championship Finalists II

```
M P A R M A G E K S G A G L L R C M U M
U Y J Y F C W N E G V B T U J V E X T E
T Y T U Q T N D T L R W L X V R M I J I
P X H F F E Z S I D L Y A R C N P G N Q
J T K D Y C D B H Z D N N D E N F G N Z
R J S H F T A O W F R H E N D R Y X R R
D Y I J U L H W L O Y O S H D I A X F D
I I V Z M C B H Q U Q C K R P E D Z M H
T G A S G R Y P E L M W X K A S X R L P
M B D D P X L R V D V I Q L L E O M W A
F D T R V A I Q D S P I X S T Z E I N R
J Y M H Y Q Y B U P K S R F N Y R I M R
A L G A O D E T G T N H G W K R I Y T O
T X X B T R X B X W E C Q X E X U O J T
R G V N Q T N V M X R W V U T P G J A T
Q D F F N S W E W I L L I A M S A T F G
J S E E B D O N L O B N F U J Y M N L B
S Z W K S F P Z C W M G R Z E E J U P C
D O O D C Q O S X W E O R F Y G Z O D Y
X Q I T J P K Q E R U H O U J W R M E E
```

Maguire	Ebdon	Hendry	Thorne	Foulds
Williams	White	Parrott	Mountjoy	Davis

147 Break Makers I

```
T P F L E E V T L U A X U E X K L V N S
D U I F V E Z C Q E B W J Y C J B T S W
F G W H I T E S F R M V M Q S X L H B T
Q J F T H W H E V W T R R D B O P O A J
Y S N Q K H V D B A E C H V F J W R L Z
D F U P O Z Z R A D L A C K D X T B T B
L F C Q D E D O F L O Y F D J Y Z U U W
K E J Y P A Q B W B X N F N S P V R D G
V V U K K L M I W U Q I X B N J D N E E
F B Z V U O L D Z F W P F Z E I K R T P
N H M W W U U O O I S D R X V H R U T E
W P W B K I T U B C E O U T E D E H O N
A H I S P D B X R X L H C A T O O C K R
N A I F V E F C N R L D B T S D A L U O
A M B X W M A E C K T G N I T P I G S H
T V M K Z J Z P Z C P V S M B C S E G T
T T E C J R P H G I V Z H W H W I L W D
A S C H O E M R K S S V T E I X V B H S
W Q S X C A F B V M E O V J B F A O X P
P J V C P N Q R K C Z D X X T F D Q Y L
```

Davis	Thorburn	Stevens	Thorne	Meo
Robidoux	Rea	Wattana	Ebdon	White

147 Break Makers II

```
S I K R L H G P U V H F H K E W S Y I V
M W W B O E T O K A D Q B H D N Y N Z H
B K Y D Y Q L S B N W Z V Z D R B X J Z
A A W G A Y A U W S T U C I C U H T Y H
L S M L V U J L Z Q M P V Z F E H W G J
L G Q M N K Q L S G T H V B T N I B C Q
E C Z C T U W I U J E C M O P T S B Q U
N Q K F L I A V L V V P V J E V D F U Y
N F D E Z L B A T F Z Z E N D M V H J V
O U T X G W N N U B V Y C A E J A Y X H
D M V Y U W N Y B Y N S N T J S N H Z H
C A J L N C F F H T N X I Z N W O L P U
M H Z W N S V V P M Q B R A Q Y Q J O S
T G O P E Z P M I T Y K P H F R K Y K N
P N D A L H E C L R K G K L K D Z N X U
J I Q R L A B K J G T Z J M H N J O I U
S B D R I Q Z L J W U A U X L E E S Z L
D Y Y O W F P Y R F E W H Y D H P Y A D
C S W T T Q E G Q N B V H P F U E D X G
N E L T M T W I Y V L L S X G Q P I N O
```

Parrott	Hendry	McDonnell	OSullivan	Gunnell
Husnu	Prince	Bingham	Dyson	Dott

147 Break Makers III

```
Y S K V U N O D D F Y A P W Y C G P Z B
Y Z U P W A Q I L B Q D B H H V Y G C K
W R L B Z H K N Q A H B T J M R X W K K
Q R D A D B U W Y H O I J C X Y H A J H
V Y E G C B E A I T D A G X V O T A P F
C Q S G O H Z E Q L I T M U R P H Y O L
Z O V X H S V Y V V L J L Q Z M R E M X
K B Q J G R A Y B P J I A I Y B O O O U
T L I Q C S W M H S O Y A N L M S Q X B
D R N N Q X X C D T R M H M F J U J J U
V U H A W Y L L W Q S R N C S V B R M R
T Q I L J H R M O Y H Z O N G Z H C S R
D E G L M R P J R K W M A G U I R E T O
E E G E F V C Y D R A G O Z U L M R Z W
U C I L C O N C R S R B Y S U J H O W S
P I N C H E S T C O W D J G R L L R I R
I W S M F B W W O K S Z O F P I R O F T
J N G Y Z U J O M I P V K S C H B T U Q
D B Y B G Y I Z N D R W Q A E C G Q O E
L T C V D Z M F G U P M X B I N J E D O
```

Pinches	Burrows	Higgins	Maguire	Fu
McLellan	Murphy	Drago	Gray	Williams

147 Break Makers IV

```
T G X R E L E O X V Y N K B I E Y R H W
P R H Y H A X J R O C R Y I Z Y Y Z M S
Y X Z J T J D H Z H Q C D V A C B S U J
Q V C Q M Z H G T F J R I E D F L C O B
R K I I C W N Z Z U Q N T D B O E Y T H
I X F H I G G I N S O N H E E R S U C C
V L T Y F J K V N G C Y N B X D T H I A
I G U A Y N O J V G J D C X V A V L C N
K B S S Y O N J P L V B O S Z U E B Q Q
T Z W C V N L Q R L F Z S S H O O B T B
J C K B O V O M K E L N T L P P P N O U
K N U C U P H Z E B S K G O K L Z P P V
T Y D C R R E W G P N X N A F I V Q B A
E D N G C Z N F Y M I R F N X A D G C I
Z S I C Z A Y E R A K Q N K P N Q H E D
X O V N G S R O T C L X K B T G U T D R
G B V B G V D T F T I G T S X K M O Y N
S B K R E A Z G E G M X M P S X I V Q V
A X F E I Z S G H R W C V F B M Z D G P
T D Y A E Q E K K Y E B I P G X V J M E
```

Milkins	Cope	Higginson	Ding	Burnett
Ford	Carter	Liang	Campbell	Selby

Masters Finalists I

```
T D X N R N N W X X W E T P M O P U V V
U L L A I Y J L I S G W P D C V B C B S
S H W I L S O N X H W J Q P W Y B H K E
H D J H D W X A A R D U L H C L N J C L
T B I F J J X O S U L L I V A N P T X B
P Y R N G M S Q Y D P K N M D K E Z F Y
U S B L G A T I L A L F I E U V R B G O
W Q L Q I A C D H O H O X O F S R K E O
S X Y Q S M T R A K A Q I N M D Y U J M
W K M Y T A V N W V G T R N M Q S S I B
J J R Y T Z L A K C S R O O M R C F P I
A Z U D R O P M I X X U Y S J L M X P Q
A Q Y R J M Y T N G M M F T Z X Y V G I
Q H P D V J J H S U U P P R U D M U X T
X C W H Y Z V H E O R S K E D B L J V O
T T E M R J Z Z B Z P Z N B K V B Z Q L
L D O B P A O C U I H P E O R C S F H C
P C A O N N Q D K S Y Z L R S G T Y Y N
J Q J Y V T U O K I U T L K C G F Z Z S
B M P V A Y P U A E U J A V M I T M B R
```

Trump	OSullivan	Allen	Wilson	Perry
Hawkins	Murphy	Robertson	Selby	Ding

Masters Finalists II

```
Q D D N L P H H M M X D T V I O O Q Y T
X M U F X L Z R H A B M F N J A V J F R
K V J L G B G I J B E R M M Y D L P Z U
K K J J L G F E Z G I B G B A O C V W Y
S D D V L O B R I E N Q K B B R F Z V I
A D R K Y J E N V E M H G Y M O N Q R D
U Z W C V I S F C N R M T J T D T S D O
P X G Q U A A D E T N B T Z O R R S N H
M C N R A I Z Y Z L E E V B U A P C B E
K B J T B S Y B M E E S T E V E N S K R
Z W R H P T D L N O X H U N T E R Q E T
S Y J N I I P S W I L L I A M S C P V Y
S P R C S G P U N O H X N E P K O I M N
G E C Z Z I G Z Z C Q U G F K M G A S F
Y R O X X I Z I Z W X D B O G O Q P P T
T V B D I W X Q N B S I Q F C S H R H E
Z E E M A F N M Y S H E N D R Y C C R E
S Z K R V V N W T Y S Y F U H M U Q L I
G A R O A W I Q A S M V B R K Q W N V J
B U W H X D S S M G C P B G U L W L I E
```

Fu	Lee	Higgins	Hunter	Williams
OBrien	Stevens	Doherty	Hendry	Davis

Masters Finalists III

```
O Z B V W H C X S P C V Q P I X H W N M
N T W W G V Y J P Y X N P B K A P C L P
W H R X C W F W J I J C P Q E M A R W O
K P R G F C H L N A S C E I O D C I X Y
Q Q M H D L E L T P E D N T S M H O E K
G S O E I Q Z N T W H I T E O M I Y C S
S Q U B V R S V O A H I T L O L G J D H
U B N F L D R Y R N S N D I P N G R Z T
Z A T E M L M E R P W E V W L Q I D H I
L Z J T F T M Z A M C M A N U S N T X F
S X O Z B M O I P V G Q Y X X Z S X R F
D C Y G A U Z T B Q B F I O T O F O K I
M X N I L O J H O V P Q W S N J Z Y Y R
O L S Z R M P O B Z W Q S D I E R W J G
M I N G Q A V R E X A Y J C H T G U I C
H S L J Q Z H B Y S T G J A X U W C J F
P U F M H B T U R I T H D W F Y J V I M
Y E H A W L D R Y Z A Z X W F V V L T E
H V X O L Z F N M X N I V L X J T Q U X
H A L L E T T V Z C A T A Y L O R P F X
```

McManus	Wattana	Parrott	Hallett	Taylor
Higgins	White	Mountjoy	Thorburn	Griffiths

Scottish Open Finalists I

```
F J B P U Y M D H D O U Y A M U D K X T
W K V Q M I D U H A S Q G N H L N W F U
H I T U Y P R I V E U X W Z O I T V B L
H T P D F P H T Q K I J N M G J F T N L
O X K D Z C J E I A H Z U R E A Z K X I
T W W C I R K Y O Q H V T P H S L P K G
Y B S M Y T E J Y T X D V C K D H L K C
T A L J O T J U P O A H Z C M O B S E M
Y B Q W V O K P M W I B D I C Z Y Z R N
P E Y D H W Y W G G A U Y F R S G D E P
V K Y U I Q P H V R F E S Y Y Z R E U M
E W Z Y F A R N U S Q L N B A T Z C Q N
P U M H L M A O F N C J N F U D Y I K E
W F B P D W M J B C T C A O Z C J H X T
J O A R Y G O C H E E E G Z Z C C I I I
R I M U A W W C R D R N R Q C H O G S H
Q V D M V W N K Y X N T N P E G F G U W
C U F F P C S Z G E Q Q S T J N V I O Q
J T E D Y D L Z N A E T Z O M I U N Q L
O U V J U M Q L Q V V G S M N D M S V M
```

Allen	Murphy	Robertson	Cao	Fu
Higgins	Ding	McGill	White	Hunter

Scottish Open Finalists II

```
F T N H P R O P V P W O N J E M S X G Z
M N U T J M L I M Y S P V H T C P Y Z M
L N O Y R R U C H E N D R Y T C W S I Z
A Y Z I E R G H D T Y K I F N P N C E K
V C L Z V A A H T T B B O Y T Z K S I T
R J N K L O C D W M L U Q A Q U J W D V
U X L V I Y U H P X E L J R A O T Z S Y
A O W N A J Q K K K S K E G F X N C N T
Q H W D E K E P W U R J Y E J R F Z T U
P T C H T F I L Q A K W Z E N E Y V T B
I S C T X V H X V X V X D P U L Z V O S
Q J U Y V Z M P V B Z B X L V W H B R C
D I O H I G J V S U I U E D T A J W R W
K R Y J I C N K Q H A G J C O L S M A J
D Q A Z L H X E I U M L C F C T P T P T
K A R G I O L C X H N Z T L J F T C L H
M W V F O X J R G R X I D K F M B P K S
O D I I K U I L F K A D L N X O J G J H
V T T B S I U I N B E O H P K J C M K I
L Z L P J G A W A T T A N A Y T V W Q Y
```

Gray	Selby	Lee	Dott	Hendry
Drago	Lawler	Parrott	Wattana	Davis

Ranking Title Winners I

```
X J R F Z O L P D M F O S U N D L X C U
O B Q D N X B C S R Z Y T Q C A P L R C
J P T M P J A O U S D N J B O V W S F N
U Y P T D K M Z W J T M D W Y I B T U C
N V M K I O S U I L D Q H C E S M W W W
W Z U U N N E Q L C S F Q G E F V Z A Y
O T R X G P L B L E B V H B M X D D D S
S R T H W W B J I U R W O S E B S V O T
U I Y E H P Y X A D Q X B Q G Y V I J V
L H O N I Z L Z M S Q H W N L E Y W S H
L F C D T K H H S M Z M P A Z N X K N E
I N Y R E N F B S H D O P K W F M W O C
V S W Y L M U V N O O D P F I O Z J S G
A G G T W B F R I X H S M I H X R P T E
N N P S J T J F G X K W Y F T M G N R J
T K H G D D W D G X O X O Z G V L F E Y
M S W W G Q E Q I A H X M P N T W N B X
E I D E D U C M H W P X T P E O S R O B
B I E Z S G R Z Y B W Y V K Q U S F R R
A O U M Z B N U W U O R B P I Z S F D L
```

Hendry	OSullivan	Higgins	Davis	Williams
Selby	Robertson	Ding	Trump	White

Ranking Title Winners II

```
P I O R W H Y H Z C Q P C W U J Y A I J
V N I S Q F J Z D N J Z U M G Y A P N E
H O G J N L V C K R E X K V N T J N D H
Q C S L R W P D H O X Z Q L T Q M W M Q
F Z O D L E H A P L K G E H M N A O P I
R F G O I X A O C A R T E R C H G M D H
Z Y P Y A Y Z R C J V A T H J D U Y H I
K R D G S B S T D K N C C L E S I Q N D
T M L C A J A T A O L X T M Q M R F V S
G P C C E O J O T L N Y J O Q Y E G L G
X J W E J Q S R V L J T F Q C P K W V X
Z T Z J K H Z R P A Y R U P K B I G A I
A E K W T C O A Q M A E F P U I D P G W
L B J R F L M P K X W H L U S N J Q M Z
L D F L S K E J V J D O B J N G J E K W
E O B J D P L E Y H Y D P B C H F D M A
N N M U R P H Y L M P J M V B A K P G L
U N F W T X J Q U T Z U M A Q M L L B J
O G B X J W A W L X J T O G K I Y X Q U
P D Q Y B V F G D O B U Q N R G E O M F
```

Ebdon	Parrott	Murphy	Doherty	Allen
Bingham	Maguire	Lee	Reardon	Carter

Ranking Title Winners III

```
D B I F M Z R T C J K V H S A A R S K D
T S O B H I X L E Q Q P E C F C D C G A
Y E Y H Q I B Q U J O S X W H O Y M U L
I L R T A R K W X O L A N J A D A D T E
W W N S F W U M E X W V C T H T D Q G T
I O P K F P K G H Q Y S Y B D D T J U T
L N Z L U P U I X U R L W C I Z E A V O
S K T J T Y K I N N H G S A K Z X I N D
O G S O H A V S V S G U S R L A E E H A
N Q U Y K W A A G K F J U N P D T J K T
J L D N N S B E X H T E J B Z P E O W V
V O V I W V S H F E K X Z L Y C D N T X
F Q Q Z P F L U D M V F L E J K I Z M Q
T U E T D V Y N P V F D D B P M E U V T
N V Z S V G P T S L Z R I T P A H X U V
U Z U H J V A E L Y T P R G R O P L G J
U M B H B O E R M T Y P K Z C I Q V U B
L U T U U N X G N W H Z R Z V G R M W L
H J J Y T M J T T X P M E P R G P G X B
V X T R V J O V B B J L F R V R F I D K
```

Fu	Hawkins	Walden	Hunter	Wattana
Wilson	Dale	Day	Dott	Knowles

Ranking Title Winners IV

```
I F I F I S R N W H M B R M U X K S F D
M Q V O K Q M C M A N U S Q L W F M I M
E J F I Q E O Z E L U R Z V G M N A M E
I G B E U M S Q S M Q A T E Y Y J L B A
I D A R E V M Y K C O D J C D M B L V R
D I W V R E Y X A X P U T Z U V J D L E
D C U V M D W P Z Q T W N H O X T W Y X
N J G R C E W M P T M V A T O N G P N Z
Z G Q V G E E T Z E N I B Q J R Q P Z R
E L W Y I G Y N R J R Y D V E O B X U C
B Z C Z L S M G J H W R A W S A Y U H H
A K K C L G L T F K Z N Y P C R D Y R K
R K Z E Z D I W A G O U L D H K A K Y N
D U H J E Z D K B Y K B S E U B O A C K
L E B U J R U F H H L B J K I U A J Z M
A X U Z N P I G Q P A O Y A G Z Y G A O
S L L O C C N V Y S Z K R L I A N G K C
V H A R O L Z Z X W L G V A O D Y O P G
U P G D V N V P D P N M P X R R O X W T
R R M W H I T E T A H S Z E U Q X F Q F
```

McGill	McManus	Mountjoy	Taylor	Thorburn
MWhite	Perry	Gould	Small	Liang

Ranking Title Winners V

```
S C Z G J J V Z R B X O E A X X W R Y D
P U Z C J L R Y I J B S D A F U V X A Z
R T F T F L X A S E F H K X M O B F K S
Y J L G R J W T E J V H A F B W U D B U
Y H M M A U P A K V Z U J G P R B L S B
F Z R H N B M H Y C M E L L E C E H D K
P L K G C M Q R S W G D W N W U Z C U S
Z O L C I B K N Y Q M A C R H O T N E X
B O U K S E G C C Y Z I H P B I C Y U L
Q R C G C C H A P E R O N K O G T B I U
A G T I O W C P Z G T O A A U R E K Z G
Z P H P C J P N O K I J E C K O L S Y Y
E X X K F V M B J T Z A N R J E L W D J
L J P D U A N H Q G U C G O S G A G G N
T B R N T B W E U H Y M J T P D H I H O
J D T O G A V G M K U U T C Y S Z Y P H
X I L B H A M I L T O N I L I Y J P X I
U N S U N H U K S G C N C Z P A F T M J
N X E H A R O L D M U W L W O R U K N I
Z U C J Z T Q K W Z U Y F M F G C G K X
```

Bond	Brecel	Chaperon	Foulds	Francisco
Georgiou	Gray	Hallet	Hamilton	Harold

Ranking Title Winners VI

```
W O M Y D L P C Z X K O I N F N U Y K Y
A P X U S V F N B J Q L H S A N C U J W
O I J J Q T D Z I D L W X I Z D R F O I
K W M O X W Y J P W I H U V R V Y I J U
F D O E T O B R I E N W W B V O C J O O
W J G U K A Z S R Y Z U S A E W R O H J
F A C N H X I A Q T X Y J Y A I O N N S
V B U F Z B B O K J D U G V K A Y E S N
O I T O T A H D H F D D N V N E F S O I
C G W D M M V O B O A T S B K X J P N G
Y X W T T A E F V E N F K G Z I F B F G
R R O N X Z A O J V I P N Z G P N A R I
Z P Y O A Z A V A T N W F I S I K G R H
U O W S W S D O R M J T X Q P N P M O H
O V Q T R E I Z N P Q S A E E W G C P G
S N O R G M W E M T O S I M N F Y C Z F
Y V F E E A G N Z U X F Q A C X X H U W
H D J B U J Y Y Z F R N Z C E E J B P H
Q Z O O U K O R D R C B T C R V U N Z H
L J R R C Q X K S T E V E N S Z L R N Y
```

Higgins	James	Johnson	Jones	King
Meo	OBrien	Robertson	Spencer	Stevens

Ranking Title Winners VII

```
M W S Y J X V A K S I S I T T U X L A H
N J X Y Q P M A C J I K R Y Z K G R C W
U N Q E Q F K O D M V S U J T F B Z R T
G T P K C V I G C L I C Y Y R U P M K K
E E A Q S W A I L R T X G Y D L A E T C
V A E E A X C P X O F M X P A P L K Q K
V M T Y F R H Y E K B F V Y Y P S O A E
J Y R R O X G L E A J Q I I I L O I V H
E S A R Q J U I B U R K Q X W N J P E S
T G O E Z L F O K H O L T M F M L N Y O
X V Z C S S B S J X F T T C V P R O W N
R M N T N N V K Q N T O B H S T Q Y W E
N C U Z U O B H N S J B R J O Y O U L O
J L F W F M Z E D I U L L D C R J M E U
L E U W B Z T D X A Y A U R L B N N O T
O O W H T Z O K B Y J W G P W J T E G Q
I D F C P I N C H E S L W T K K G U A Q
Y I P U D F P K W P W E N M A P I J R G
C A M P B E L L T Z G R R Y K C A Y D R
T L K Z R F O L Y N H I G G I N S O N A
```

Thorne	Ford	Holt	Campbell	Drago
Higginson	Lawler	McLeod	Pinches	Swail

1979 Top 20 Part I

```
V D A N C C Z Q N W W E K P Q V W D N H
H U O J I T A Q I J U I G U U R T W W A
J S R D X U Y Y R A B J H Y H T A R W X
A Q V I F X V T L Z T E Q M I Y Y T A R
C N R N M J N D Z C Y Z O L J W L Z J S
V H X E O M J Y D K T O O M M W O C B K
L P P U L M A N C G Y M N U A E R G E Z
Z M K H V V N T Y R F M L N S I S R Y M
A I X G V I S P G M W E F G J Z L S N Z
D I Y R E A R D O N S P E N C E R M R X
C Y X I O C L V W Z Z Y V R Q Z E A U F
K Y H Z T D H X S J Q X M W G G J N B V
J A W B A Y A V A M C I N E D Q N S R W
H Q N A Z V F K S M Q F M L A T O V O X
I L X K D H E G N Q J O I C V D T X H G
B S D E V O F M I H J G L K I U L E T Q
Y Z T Q X A N Z G I R T E A S X R D M S
B V E Y A D B E G X M J S R E C A I Y A
Y O H Q V U O J I M W Z N P O B H Z I F
J D X W D T T Y H W R K E U U O C N O U
```

Reardon	Mans	Charlton	Spencer	Thorburn
Davis	Higgins	Taylor	Miles	Pulman

1979 Top 20 Part II

```
P U T S J E X X I J O W U E N V U N B S
R H J O I K V P T H Z Q U D I D T V S K
A Q R Q Z V A A N C G T L U T M D W I U
J C Q I Q R G O S W I M Q L K A S W M I
Y U P P G T V P H M S F S K C S Y M I N
C V G S F V R M U G U D D R Y J Y L M E
A D N Z H C X M O C S S H V Z T Q L O B
D Y I D D W L E N R O V F Q I H E C C R
K N S Q R J Z E X M T P O J W T Q I Q E
P I A V K X T A Z Z F P M B L H E F K W
E H N U C S B L U N O T B F Y O K F H M
L P P L T M Q D U G R T E G D R K E R T
L H H Y W A U Y E X C Z M N M N M C N E
Z K U V P I K I C P W F K I O E D V A U
E V A K L L Q Q U R O O Y N O Q N T H O
U R C A S L N A W C D H S N N N W D I G
C U F K R I T K X N A I C U Y D F Z L R
A A F M L W I L H Y E V L D P L A A U I
M K N P H F A G A N M O U N T J O Y O V
O I I X K I Z L I S T Q M H L B X L H X
```

Fagan	Werbeniuk	DTaylor	Mountjoy	Thorne
Meadowcroft	Williams	Houlihan	Virgo	Dunning

1989 Top 20 Part I

```
T M P C G Y A H D Q U M E S Q N V X F R
R U T N R M P B Q W J M Y S V B K N S R
G R I F F I T H S T A B I I J T M H G T
T D R I J Z B J N S G N H K H K C W Q V
T J G E Q J A W R K S M Q T C Z J I M G
E S W P D E P W A B I B O I R U W Y N C
L D M M O D S A V T T W W W G Q H A B Q
L L K W I G U T R R P C M H R K J T H V
A U G N M W N L M R T N Y I I N A H Y R
H O W C O I G L C T O E I V I C M O D V
T F V V Z W Y H D A A T S U B C H R U Q
G F Q L O I L T F Y P U T N Z Z D B Y K
I D A V I S T E K L S A B W R G S U R T
R W X T S C I B S O E R U H Q G C R D M
O I F O G I G T W R A N E I G F U N N G
I U L K P C R J H B P J B T C K Q B E G
R Q T S A X C E M F M J M E C Z M V H B
I S B Y U Q P U T Z B Z C I L E W Q N S
P U A B T F J X R P O T K A M S C B M Z
O R B Y M C R N O H D S V I I C Z K K L
```

Davis   **White**   **Foulds**   **Hendry**   **Griffiths**
Thorburn   **Parrott**   **Knowles**   **Hallett**   **Taylor**

1989 Top 20 Part II

```
Z P Q A X S O V Y S S X R B K R D R X X
Z M O S M M V I V X O Q Q I C B R M V P
L G K Q P K Y V F X Y O X T R N A W C X
D N U X Q J L V E V S C Z T C O G C T L
R N W Y B F E Y W S O S D A H S O M K X
S X P S N H I V I A M I K J A L L J S K
R N C E K E H I L N Z C U G R I H O E I
B E M S T T C R L Z Y N W E L W O H P P
X E W E R H J G I Z J A X W T C X N Z P
R E S C I O G O A T F R B A O O Y S X D
K H C X M R L R M V E F I U N Q N O C C
R F D Q C N I L S U C S S G F W O N L J
N J B F U E O G I V M M C V R X U E B I
H I G G I N S W B K P F R A N C I S C O
U L E Q L P X J S O J R M X Q O L I C R
F U Y S R R T N O W G S V O M W O C U H
R G T W L W S G R B M O O T S Z W Y I W
V R Y Z H L U F N S N Z C B D N C R X Y
Z H N U Y F E M Q D Q O M T C K F E O A
N M J O V C R B C Q D N H O O E V L E H
```

Johnson	SFrancisco	Thorne	PFrancisco	Virgo
Wilson	Higgins	Williams	Charlton	Drago

1999 Top 20 Part I

```
R V C L A P S H Y Y C B F L A Z Q E L Z
H E C X I B Y B A O C W B N Q V J G U H
J K O Q R B T X E B O S K N E M C W S W
B S A E O T R B K A H U J N W C Z B C I
I J E B Y T E Z A M W W A V M M I I Q L
P Y J D I M H N X L U B L A I A L M T L
R A E O S L O W R N N V Z F R N S R P I
C F Q N P W D K V Y E U Z H X U Q B P A
Q I L H R U I W X O T W I A F S X F H M
Z A S W H E V C X U Q W C W J J R I A S
N K B O I Y K C X F S K V W J L R G B H
A J X J G Q X Q D T O T T V D Y D T I E
V U C U G J S L T X M Q F A W R J E S S
I B H D I Z D B H Z H S L V W R A Z Q H
L K R F N D Y A T Y P D I F U N K G Y M
L B K U S B P A R R O T T W O J X N O G
U X Y E M P X U W D D C F N B A X Z Q E
S M L N Z Q K T C N K K E M O Q Y F A E
O G E N H I C W W E O K M M A T F X S W
O I E Z S K M Z S H Y Z C V K W D M C R
```

Higgins   **Hendry**   **OSullivan**   **Doherty**   **Williams**
Parrott   **Ebdon**   **McManus**   **Lee**   **Drago**

1999 Top 20 Part II

```
H S Y V R R X J C G G D E I T H H R C C
U A X U K F S W Q G Y M J B T W Y L B N
K X M D C W O B U I J V W C V N G B K I
E Q W I L Q R Q F J J Q R F Y T M V Z N
X E I Q L K S Z G Q K W O X A H F I X F
S A L I H T T I U A G M X R R Q V V G B
W N K K V P O Y F O E S E B W N F T P L
M L I I R T V N N G B J Q O A R C C T W
W J N J U X T R C N J R F N T N O Y L R
V L S W E N F O P G H X I D T I U W Y Z
V C O A Y Z U B K F R W B E A C G W Y O
U O N S H Z H I I T R P R I N X P Z I N
X D G N N O R D N Y V E L R A J G C K D
K U T H O Z E O G M D Y O X W H I T E H
Q J Y A Q E T U Y L O B M R Q N W H G A
W W J R R W Q X B R V D K U C T X L G R
Y Z W D N W W H W G F D G X Q Q L A H O
A E B Z N B J I D Q C T R A E M D Q F L
U N Z T T J G F H F J N L H P K N M K D
Q K H C Q V C D A V I S N A N C E M G C
```

Hamilton   **Robidoux**   **Bond**   **Davis**   **Wattana**
King   **Wilkinson**   **White**   **Harold**   **OBrien**

2009 Top 20 Part I

```
D P H X Z B D V K H U V U H F L E P E A
K A R O B F C E A V Y M T K P S E L B Y
N V Y S S Q O U B G C G U G V L V B E G
R Q B S G U A I I U S C G M W O V O S K
L N C P Q J L Q F H Z H P U O I Q O N Q
C A R T E R J L H P Q J I X J L G W I O
M Q H R E U K N I K M Q P G C K H Y G M
K G S P J V R O C V G E V Y O E E M G A
J N R Z O C F S A M A A L R M Z N E I G
Z D A J H X F T L K S N A T V U D Z H U
X G R X M P F R Q Y M U W Q V P R J P I
P K C M T J Y E F L J Q H R I P Y P I R
T A Z B Q U J B Y F P R F Q S G V Z H E
B G Y N V R S O J N N X X X E V R H O Y
Z E P O D M C R L U S D U W P Z X E E I
X C P D G Z D Z F D P E E J H Z F G M N
W R D B A D Y V Z O R P Y V W B Q Q D A
D A S E C X X T T S K O L M V B E I Z H
H H H T R J T Q M C R D A G M K E P B J
P G L S U J W Z I V P U B C D E S B O J
```

OSullivan	Maguire	Murphy	Selby	Higgins
Hendry	Carter	Day	Ebdon	Robertson

2009 Top 20 Part II

```
R D Z W R P C D R X Z F M O H Y Q B R O
M S A X T Y D Z N C I V K W W P A M S B
V G V M X Z Y N G B K Q F Y J Y H U E O
C W J E M M T G V I D K E S C G U J G K
L U K G D C R A T P B R E L O W M Y B Q
X I V M I E E N E H X E X W P K P Y Y P
D Y U G N I H E R N S M D I E L X B L Y
R Z L C G N O W O N X J S R Z W K M Z Z
E I I V G J D M N Q F B N R Z K D X F H
B E U W N M B S E P W R E K F W W J E L
P N I Q V O F J L V E P V J B U N W R C
K I G Q H L Q P L H F U E B H R E S Z G
J I X W M U H P A N N A T R R Z U H V I
H C N R H R D Q Q M L N S G R Y W K C W
G X J G M Z B A K J J W L K I Y M J Z S
K O X S K B E Y U Q I W J R O E O T E X
F Z S M Z T C B G U I N P W I U O I T B
M O L S E L X T Q L Y O D C S X F S T W
W O Y S W A I L R J V L P M D M P I O G
G C L H K P Q F Q Y Z Y G D F Z B U D T
```

Ding	Perry	Dott	Fu	King
Allen	Stevens	Doherty	Cope	Swail

Scottish Players

```
D Q B X B W C J N D V K I R F L Q Y W D
H P N D Q S W U Y R K R A Z H Z W I X S
A N D M D M S J E M R E R U S V K A M K
F G K A O C X D S V M K I B O I I N A C
L U S V N M B O I T S V P O A T T L G E
X E T U A A L T N P L W I E N V C H U J
E L I X L N D T C M N Y N X X I A I I O
M S Q W D U F X L X N Q Z I G G H G R J
E J T J S S P S A E W M Z B H O Z G E J
B Q V C O B B O I W U L B G X R T I Q O
H T E A N L U A R M M J B H V W R N R Y
I E G M M L S R D J J I Y W I F L S X H
V W N N Q I I L N W N L C E H S N Q J I
E W N D Y X B W Q E A A K W F I A J V D
Y L A L R T A F J K T H G G H U R C B D
W V R A K Y Y W I D S T H E I J F J R Z
Z O I X T S Q K A T Q J L T W M F G A Z
O X U B F Q Q B C R K X H J L Q C C Z Z
E A M V R Y I J O V R Z P Q A Y G M P V
P M C G I L L T D B I W O P H S G J B B
```

| Higgins | Hendry | Dott | McManus | Maguire |
| McGill | Muir | Donaldson | Burnett | Sinclair |

Irish Players

```
W J C T X D D O D L B M J J U D G E Q P
H E A P H L K Q N I L V I Y S D W L P E
R U D A X W F G R H O J Q K X F L V G A
N N V A T B M P X X C V T Y N I H J G A
B Q R F H I C J P L Q C C D O U E H U J
F B B X M Z U F J U W P H A N C W U O U
K A W A H X L S F F J B S T E P M X X Z
Y Z N V T M V T A L G O E H U B U P V S
R E X S O G V J G G Y I H R H Z Z O T L
A D B A S Y B K A D H L K Y G E V G Y M
S N F X K B O S N C F E O Z O Q R J L T
F A U M M U O T Q K O A U H N T J Q L Y
H N N E V Y G Z K V O U C Y O C A F E D
X R O W I S I J J B B J Y F D E S O N U
B E N D X D O H E R T Y S A O J E W N A
M F U A C D C D A N K C W E O N L A O S
N Z N L N J A C J P R X A X V I U X D F
B V N Q K Z M O R R I S I Z V J Z W C L
D O O B R I E N U R Z X L C Z S T V M H
Y M E O N W H Y D J P W P M J Q U F O K
```

Doherty	OBrien	Swail	Fernandez	Morris
Judge	ODonoghue	Fagan	Boileau	McDonnell

Welsh Players

```
J Y H F Q J C V D R N L G H V F A O E V
N N U Z N D I S T O C L O Y U Q G S C A
B S H A W X T Q N Z F J N W V R X N M D
B U H L M V R L M K V F P I S X W E H J
L D P I V D Y J B R G H W L T M A V F W
G Z G H R I Z T L B A R H L F T K E X U
K P H D F A C C R O Y M I I L T R T K Q
M O R G A N N G W F I Y T A C V P S H X
O S Y K Y U I I F O E M E M E K B D F B
A S J N A E B L V R W F S S J I F N W N
O W O I D T C U H R K T H L D F U O U H
F O H R H U J R N W D M L B X L C C X O
Z X K U E U B V A R I O G H I L Q B E J
B R G D V A N E G T W J S T Q V R M U N
P P K Z Y H R B K L D I Y F X H W A O Y
P D W B X L P D N W U H T H X F I M M I
G M W O Q W P A O R P X P P A G E C H E
M Q T U L Y Z Y U N Q P L L M O G Y J L
X H P K N T B H K Y U V X S J T U X J A
L Z X U J E S Z D D U H H A V K Z T U D
```

Williams	Stevens	Reardon	Day	Morgan
White	Page	John	Hirani	Dale

Australian Players

```
X K D A K G X X G X D S R A L G J H N K
K O K P T I V U J G S U W P D W V R E Z
M E J O L A N N O R O I N T G J C L S X
P Y F M Q R G G N E I R O H J Z M V F L
T H R S Q N V B U J P A S U A M I N D N
U N P I H G G O R J Z V P O J M K X Z A
S Z Z M L V E L D A E D M G S Y N P C A
L R V P T O Q T N S F L I W X X Q M R I
N R G S F A H O I J M O S A H M O K Q N
P H G O Q F E N L K G F G T H A N N V P
D S K N F G Q R G O O A V K X M U N G M
Z W D U T B C J B R J B L G M R P O N S
L N A M X J K W M A Q Q U N W T J T E C
D Y R W C A M J Y T L K F R R I D L O Y
K B J G M R J R O B E R T S O N Q R M Z
Q O D B C I R U W V P H H C V A C A V U
K P Y D E E Q L A O D W P Q V K J H G S
A P W T V S T O T X C N Z P C L B C L K
O R F O R W G T B P G R O X R Z A G M X
C X S B B K O M J C L O O T L S L V R G
```

Robertson	Charlton	Hann	Lindrun	Simpson
King	Foldvari	Dunham	Simpson	Bolton

Most Matches Won

```
T I Z R H W R R G W B Y R H T M P E U V
Y E I Y Z I H O X X P E U H G Q C A R L
F I M T I H G I M U R P H Y W H J Q H Z
S I D J N T T G T R R O P B J V Z Q U R
W E B W O M M O I E W W Z U C O S H W J
N R L T H E V V N N P I W W C S A Y G I
U S M B X S G X N D S L P Y Y U A J Z Y
K M J R Y O U M P P J L A V V L I W M H
H J W I P Q E J F Q D I D V X L U P B Y
M E G Q M T E M B E Z A F X R I R I I L
A H N B Y Z D M T M K M V D R V Y R K H
H B W D T E U V W Y B S I I D A L G O U
G Z H J R X G Z F O H R B T S N T V J N
N U N P K Y Q L T H Z V C Y R F W Z G Q
I M C K J G W U O Q S E D U X E N O C D
B C G L P B D E R W Q A R T Y U O U K S
F B G I A U C F W R I P D F W Z O I H E
L A Q G Q G W J L I Z W G P X S U U F J
B K J U R K Q R N W X E Z O Q O G Q O V
G F Z K E T P Y G B I U D O H E R T Y K
```

Higgins **OSullivan** **Williams** **Davis** **Hendry**
Selby **White** **Bingham** **Murphy** **Doherty**

Most Centuries Scored

```
M E L F W E W A O A V U N I D I Q R H J
X K O M L U X Q Y X H G V Y U R H M Z B
L F I B S Z S K G L K Z O K A W T U F B
P O F G E A O M L C J L D E H K F H Y A
D P Z G Z G O S S X S S Z R T A S I B Z
K C V V N X V Q U Y G K M Q E O P G L R
T R A V Y M B V Z L G F D V L K C G E W
V C Z B I K U E E U L U M B W A H I S X
R D O N N R E M F U H I R W W N E N X X
B Z N R J K L K U O V W V F F U N S G Z
D L Z W W W P E Q R V Z N A Y H D C L A
O B F K K Y L B G N P V D M N U R U S W
K T S F Y Y E T N I A H U I W K Y X M V
W M J K B D W R I D D S Y Z Z K A B A X
F C E Z G G I U D P D K A C B W J O I N
Z K K K Y L M M Q J M P D O Q V Q U L H
B R N X W M H P D B R K S W W J I G L B
P X G R H X R O B E R T S O N S V K I N
V R D C W O N I K X Y M O Q F V Y Z W T
N B J U X D W S C T T K P B S J O G B H
```

OSullivan	Hendry	Higgins	Robertson	Trump
Selby	Ding	Fu	Murphy	Williams

Snooker Top Players I

```
C M Y K V G G Z U I Q B N F O I Z X L T
V F E G O S U L L I V A N Z R H E K L H
J C H M G E B N M R D D D F M O U F H F
Y H T F B F W Y K G Q Y B W I L S O N G
U Y I C D C Y R D X P T A X N N N A A L
K H X U H R L V C M P P T P B Q I B Z V
I V F E F D O Q G H R J Z R M M K C J A
C J Q B C T Y C L I O O M B G Z W A A L
F U W Q H S K Q W I L L I A M S A Z R L
K I R B T K G M L I A R N D V H H T O E
N H Q V T V D T Q Y P B O Y S K E L K N
M T P V N X L H P K B Y Z B D E I N I Z
P S V C G C I T U G K P H V E I L A S O
M O U R Q G W D V E W H M E O R N B O U
U X A O U V T Y V U B X W L Z P S G Y K
R T A B Y T X T J T C Q P T T T W T M E
T R L N Z P C D T O Z F I Y J I P D O X
V U D F Z R Q Z H E B V D I Z E J S J N
C W C H I G G I N S X J K A Z R F P T R
H P R K W S D L X L J U A T B H R K A X
```

Selby	Williams	OSullivan	Higgins	Trump
Allen	Wilson	Roberston	Ding	Hawkins

Snooker Top Players II

```
G U X F U B Q J E N V G P T Y S B U Q L
T V K V T Q C J W T B H Q S C R C Q M A
R M S W C E J U P I M W L I X S X S A U
E X Z Q K C J C E P A N M F B M K X G L
B W F L V Z B L R J H S L O I Z C I U W
L J B R F F L C R X G G K B K Q Z I I B
I J E K X K A A Y O N B A K W Z Z S R R
G T L F L Y F R A M I C K N S Z I X E E
D C N H B R G T V H B P W H X J Q T H C
I U D N T K X E W Y U F T D J L C S P E
U O V F U L O R B O P M Q U L U X X R L
T E T W S V M U I T S Z Q D E X C I N E
D H Y C E Y T X Z F D E Z N T I M A D J
A V B U F F C Z X Y Q C Y P O Y H O R U
J I I F H Q L Q Z R D F Y T N H X B J R
X Y R B L I S O W S K I H L A G S V P Q
F F A D A Y D O W G F K P W F B P X Q U
N K M S Y E M D E B D D R L B T U H N H
O Q L F N N H L D B K L U B R T V S C D
U R Y R G G U K G N Z M M Z C I M J H C
```

Murphy	Maguire	Brecel	Bingham	Lisowski
Gilbert	Day	Carter	Perry	Xiao

Snooker Top Players III

```
D A O X A R B S Z H N K Q J M C D T W F
E I D B V L E R D C Q A W V S B P I E N
X K E B T H X U H T D N H K H M G B O P
H W T M Z A C K I N G G O K Y N O L A C
R G F C T Z F W E L K R S N F S U B Q I
N P A R G Z J P O Z X O L G M R L O X U
X D L U D L F M S U R B Y Z N X D I H V
O J Q E V J U S H T S E D V G L V H Q U
Q P I N Z E C A L H B R Y H A N M O L M
R D U S E F Q E O D B T I J J N Y P Z B
F X T R H G B N N D O S H J L O W K N I
K P L J U M A G J M O O J J H S Q L E D
W O Z Q Z A G K F K P N K I F L Y V C L
V F V S R E L H V N A D V T I I S E C L
W O H G W V I A T N X F C Y F W N O C I
A H C Q E B B M T F V O H O A G C Q R G
Y D O T T G Y E A W L F O R D R Q N D C
H X B D E E Y D B U E L X B C Y G I H M
E Y H C Y A N J C S F U U X K C C D M N
Z O M P L J C A R E Q P Q W J R G G O M
```

Dott	McGill	Yan	Robertson	Fu
King	Ford	Gould	Saengkham	GWilson

45

Snooker Top Players IV

```
U Q C J G Q V J S V X H M E A X D P J D
L U T Z N B H J R I Y D H T Y R L U Q U
J O Q N A A N E I O C P X W J E I K H H
R G O Z H B F H J Z Z U Z B S D A V I S
C L R X A I N C X O I Y P X F M N W H M
Q G J I J Z Q Q C L I L H E L I G T B N
Q E C S P S M J K K T Q C M A L V G I U
M B I P C W C R K N E E A K J L C L A P
A A J T I A P Q X K F B X X Q E X D Z S
G S F T F K U L Y Z K B L E X N T I Q Y
M F T U R N P U N L H Q D C A N N J B Y
Y O G X W V A A F V J C A U X O E U A B
Z Y I R A I I Y E L R T H Q M D D F I M
Y A K L U X H M N T A A F T M O L I T A
M P N Y V X R F I I Y D J G F T A E U V
V U T X V S K H T L U Y E W V N W A O X
Q U Z R P H D F R B K W H I T E R F H D
G C R A I W L R C S R I A W Z O K A Z T
M J Z B J L K A Z E P S N X H Q Q V B U
Y Y G L R L I J L D Y A F S B M P Z P J
```

Walden	Liang	Vafaei	Zhou	Davis
Li	Milkins	White	Lyu	ODonnell

46

Snooker Top Players V

```
B S F X S U Q Y Y X O J Y L M T Q S Z C
Q X X I K M E L G B P X D I R V D T T W
C G V S E L T W C S Z D Z L E Q L K L Y
Z X N N S M Z Q U U P S A H G T X X O B
Q N T M G V Q R O Y X Y I R T D J U H Q
U C W C X G O A Z W Z J N S N J N N B E
I L G A A P C A Z L Z B X V L L O A T G
A C Z N K R W B U I Z S P G H K H J M F
D S E J G E R B P C H Z B H N T V F A Y
A N X G G N L I H L E L J A H S V X F F
M X P G W X K I N Q Y Z G K F D N W L B
F U Z P R D K P N G L F J V E N O F I Y
Q Z G V C S E F W G T H Y U Z P T H N A
S E K W C T B Y I C R O O O Y S S W M X
H S I X V E D S E R V Q N I A V A B E J
N M P H L V O L P N X F E G W F L G M O
K Y Y W S E N K O X X R W R E Z L K B Y
A M I I G N T L X H N G T O R T O J D C
R B A N O S W U J J T K I E U R O C Q E
U S V F I Q K S F Q Z J F G O G W I X T
```

Stevens	Carrington	Woollaston	Ebdon	Joyce
Holt	Wakelin	Georgiou	Maflin	Selt

World Championship Finalists I

```
K T P W P T Q S K G Q F Q W G X X V O G
C Q B M M I K Z M N M H C T Q W W N E D
D E B B Y E A I I I B B L P Y Z U A Z U
P E H Y U U D U W C X M T Z G C P V P S
M T N K Z A U J N Q T V H S G A C I Z I
Q J W V G Q H K D B S Q C P M R G L A M
X M R L J T S B N G T W H X H T S L Y O
G R H F X S M F Y E O I I Y M E M U R X
P H O U N X M D G W R J G H F R A S I G
U C C B Q I N U C S A P G G S O I O C W
U C G E E H N L R R O U I U O S L G E L
V X O O Z R W O G P K C N X U O L Q J F
Z Q F S A A T L K K H W S G X Q I F R X
I P P I O V N S W N B Y H X W G W R U R
J I M P M B C G O F I Q U B Q A M W O W
C O U O K R J G O N N V W T X G R J G F
P J R C B V I D M H G B S E L B Y K A Q
X A T Y R C A I X O H O N D Y X Z S A Q
I G R S V C S L K S A T J D P J N N A V
G O T L C W G B F D M B V D I N G J W Z
```

Williams	Higgins	Selby	Ding	Bingham
Murphy	OSullivan	Carter	Trump	Robertson

World Championship Finalists II

```
A M T Y F I G C E C P A O X L B H A W M
O K X G W F S E P Y K U C B D P X T K P
C Z M L Z T Q K U R X D Z P E I Y Y Q R
Q O P A R R O T T M G T G G M E E L A A
S A Z H R L W G B I E S E Y P M T P Z W
Y C L V Z N D K B T M W B T K Z Q J D I
S D O Z Q P K G A T Z Q D R N E Q J N J
H Q S R K A Z E J Z V K O E O A E T C K
T T L O D G N H X X Y N N H C M S E P H
I K Z Q Q C V I R I K C T O E V N Z M I
F B V E W B T T A X J I A D O U B G W T
F C V P G D S S D R P D F O V D J V L Z
I T L L Z M K S T J T B N Z S E Z H N Z
R T S V G X I Y Q L M P B V N R I I G M
G O K W S V E Q H H L L T D E E E Y L R
J O H N S O N L I E W B T N V T A O B T
R F R S Y U B I S H N E O O E I O J Z E
L U B M M M U U Z Y G D D B T H Y N L M
Z V I Y E O Q W N T X I R V S W C Y M T
S N Z I X A P R U H J T H Y U S P X D Q
```

Dott	Ebdon	Stevens	Hendry	Doherty
Bond	White	Parrott	Griffiths	Johnson

World Championship Finalists III

```
L  B  J  B  R  X  D  X  N  P  E  D  Y  D  J  D  L  S  H  O
F  H  U  F  E  C  H  A  R  L  T  O  N  A  A  V  M  P  V  K
Z  P  R  U  A  I  N  T  Q  Q  R  C  F  B  O  M  Y  E  H  O
L  X  P  A  R  P  M  H  Z  G  N  S  C  Y  Q  J  F  N  G  Q
H  K  U  R  D  Z  J  I  S  L  N  I  E  H  Q  G  H  C  M  W
H  U  H  R  O  B  A  A  L  J  P  S  W  Q  A  A  S  E  A  V
I  B  Q  Q  N  T  M  Y  H  E  N  O  F  A  F  I  I  R  N  G
H  W  Q  C  R  P  D  X  N  B  S  P  B  L  K  A  V  Q  S  U
R  O  S  H  F  J  Z  B  N  Z  C  L  F  B  R  G  A  P  H  R
E  B  N  Z  P  Q  H  A  R  J  C  I  T  K  F  O  D  U  B  H
E  D  I  D  R  M  I  W  U  Q  U  B  K  I  Q  R  W  L  W  X
O  D  G  G  Q  M  O  E  B  O  R  T  V  S  B  N  D  M  W  O
O  I  G  O  J  W  E  M  R  E  B  I  U  B  K  H  J  A  L  B
Z  O  I  Y  E  N  J  P  O  G  P  P  S  V  C  O  H  N  H  V
W  D  H  N  I  O  J  E  H  N  W  U  I  B  G  F  P  P  J  L
B  J  K  Y  U  Y  E  H  T  S  X  M  M  L  Z  A  S  W  D  W
S  J  J  T  Y  L  C  R  Q  B  A  K  P  H  I  O  T  L  T  Y
Q  R  H  M  K  Z  C  K  R  W  U  K  S  G  U  A  Z  Y  P  G
O  O  I  R  Z  D  Y  O  A  L  T  O  O  E  V  K  R  G  H  B
Y  J  K  W  E  S  H  K  T  I  A  Q  N  D  J  R  D  U  A  C
```

Davis	Thorburn	Higgins	Reardon	Mans
Charlton	Miles	Spencer	Simpson	Pulman

UK Championship Finalists I

```
Q H V N O V P Q K O O G M A G S H H S J
U E U E Q J N Q N H E P V Z I U B V V M
K N F U S E T B U U C Q X A C Q F T W T
U N G P V L J S E C D T S F Z L O O D S
D U K S L Q H E P U J F M E B S A K N J
K F O Z I R O M A C L Y M N L I K N T F
Y W B O A O L M T P H J Q D D B Y X T X
P C A N N B P N U H D F E I P L Y Q M U
M D I A G E N C W R M L E D V U K J W C
V K K V U R I Z I R P H H W H X E J G R
Q S V I M T A O M V Y H T K I P M D Q O
R P Y L N S B O U C X W Y T G Z R V Y H
P N C L Q O L L F G S J D N G C C K J O
R Q B U Y N Z O M M A Z D I I N V P N U
B Z T S H E D Y C F L U I B N H L M D P
I Q N O G H H I H B L D N G S Y V U F H
U D R R I H E O H H E E G G F I M R N N
D Y X X B M B A H D N Z X A P O H T E B
H U I R Z F O M Z Q T X U R Z F H M E H
S G U C S C Y S Z H X Y G A E S A U X M
```

OSullivan	Allen	Murphy	Selby	Robertson
Liang	Trump	Higgins	Ding	Fu

UK Championship Finalists II

```
M P A R M A G E K S G A G L L R C M U M
U Y J Y F C W N E G V B T U J V E X T E
T Y T U Q T N D T L R W L X V R M I J I
P X H F F E Z S I D L Y A R C N P G N Q
J T K D Y C D B H Z D N N D E N F G N Z
R J S H F T A O W F R H E N D R Y X R R
D Y I J U L H W L O Y O S H D I A X F D
I I V Z M C B H Q U Q C K R P E D Z M H
T G A S G R Y P E L M W X K A S X R L P
M B D D P X L R V D V I Q L L E O M W A
F D T R V A I Q D S P I X S T Z E I N R
J Y M H Y Q Y B U P K S R F N Y R I M R
A L G A O D E T G T N H G W K R I Y T O
T X X B T R X B X W E C Q X E X U O J T
R G V N Q T N V M X R W V U T P G J A T
Q D F F N S W E W I L L I A M S A T F G
J S E E B D O N L O B N F U J Y M N L B
S Z W K S F P Z C W M G R Z E E J U P C
D O O D C Q O S X W E O R F Y G Z O D Y
X Q I T J P K Q E R U H O U J W R M E E
```

Maguire	Ebdon	Hendry	Thorne	Foulds
Williams	White	Parrott	Mountjoy	Davis

147 Break Makers I

```
T P F L E E V T L U A X U E X K L V N S
D U I F V E Z C Q E B W J Y C J B T S W
F G W H I T E S F R M V M Q S X L H B T
Q J F T H W H E V W T R R D B O P O A J
Y S N Q K H V D B A E C H V F J W R L Z
D F U P O Z Z R A D L A C K D X T B T B
L F C Q D E D O F L O Y F D J Y Z U U W
K E J Y P A Q B W B X N F N S P V R D G
V V U K K L M I W U Q I X B N J D N E E
F B Z V U O L D Z F W P F Z E I K R T P
N H M W W U U O O I S D R X V H R U T E
W P W B K I T U B C E O U T E D E H O N
A H I S P D B X R X L H C A T O O C K R
N A I F V E F C N R L D B T S D A L U O
A M B X W M A E C K T G N I T P I G S H
T V M K Z J Z P Z C P V S M B C S E G T
T T E C J R P H G I V Z H W H W I L W D
A S C H O E M R K S S V T E I X V B H S
W Q S X C A F B V M E O V J B F A O X P
P J V C P N Q R K C Z D X X T F D Q Y L
```

Davis	Thorburn	Stevens	Thorne	Meo
Robidoux	Rea	Wattana	Ebdon	White

53

147 Break Makers II

```
S I K R L H G P U V H F H K E W S Y I V
M W W B O E T O K A D Q B H D N Y N Z H
B K Y D Y Q L S B N W Z V Z D R B X J Z
A A W G A Y A U W S T U C I C U H T Y H
L S M L V U J L Z Q M P V Z F E H W G J
L G Q M N K Q L S G T H V B T N I B C Q
E C Z C T U W I U J E C M O P T S B Q U
N Q K F L I A V L V V P V J E V D F U Y
N F D E Z L B A T F Z Z E N D M V H J V
O U T X G W N N U B V Y C A E J A Y X H
D M V Y U W N Y B Y N S N T J S N H Z H
C A J L N C F F H T N X I Z N W O L P U
M H Z W N S V V P M Q B R A Q Y Q J O S
T G O P E Z P M I T Y K P H F R K Y K N
P N D A L H E C L R K G K L K D Z N X U
J I Q R L A B K J G T Z J M H N J O I U
S B D R I Q Z L J W U A U X L E E S Z L
D Y Y O W F P Y R F E W H Y D H P Y A D
C S W T T Q E G Q N B V H P F U E D X G
N E L T M T W I Y V L L S X G Q P I N O
```

Parrott	Hendry	McDonnell	OSullivan	Gunnell
Husnu	Prince	Bingham	Dyson	Dott

147 Break Makers III

```
Y  S  K  V  U  N  O  D  D  F  Y  A  P  W  Y  C  G  P  Z  B
Y  Z  U  P  W  A  Q  I  L  B  Q  D  B  H  H  V  Y  G  C  K
W  R  L  B  Z  H  K  N  Q  A  H  B  T  J  M  R  X  W  K  K
Q  R  D  A  D  B  U  W  Y  H  O  I  J  C  X  Y  H  A  J  H
V  Y  E  G  C  B  E  A  I  T  D  A  G  X  V  O  T  A  P  F
C  Q  S  G  O  H  Z  E  Q  L  I  T  M  U  R  P  H  Y  O  L
Z  O  V  X  H  S  V  Y  V  V  L  J  L  Q  Z  M  R  E  M  X
K  B  Q  J  G  R  A  Y  B  P  J  I  A  I  Y  B  O  O  O  U
T  L  I  Q  C  S  W  M  H  S  O  Y  A  N  L  M  S  Q  X  B
D  R  N  N  Q  X  X  C  D  T  R  M  H  M  F  J  U  J  J  U
V  U  H  A  W  Y  L  L  W  Q  S  R  N  C  S  V  B  R  M  R
T  Q  I  L  J  H  R  M  O  Y  H  Z  O  N  G  Z  H  C  S  R
D  E  G  L  M  R  P  J  R  K  W  M  A  G  U  I  R  E  T  O
E  E  G  E  F  V  C  Y  D  R  A  G  O  Z  U  L  M  R  Z  W
U  C  I  L  C  O  N  C  R  S  R  B  Y  S  U  J  H  O  W  S
P  I  N  C  H  E  S  T  C  O  W  D  J  G  R  L  L  R  I  R
I  W  S  M  F  B  W  W  O  K  S  Z  O  F  P  I  R  O  F  T
J  N  G  Y  Z  U  J  O  M  I  P  V  K  S  C  H  B  T  U  Q
D  B  Y  B  G  Y  I  Z  N  D  R  W  Q  A  E  C  G  Q  O  E
L  T  C  V  D  Z  M  F  G  U  P  M  X  B  I  N  J  E  D  O
```

Pinches	Burrows	Higgins	Maguire	Fu
McLellan	Murphy	Drago	Gray	Williams

147 Break Makers IV

```
T G X R E L E O X V Y N K B I E Y R H W
P R H Y H A X J R O C R Y I Z Y Y Z M S
Y X Z J T J D H Z H Q C D V A C B S U J
Q V C Q M Z H G T F J R I E D F L C O B
R K I I C W N Z Z U Q N T D B O E Y T H
I X F H I G G I N S O N H E E R S U C C
V L T Y F J K V N G C Y N B X D T H I A
I G U A Y N O J V G J D C X V A V L C N
K B S S Y O N J P L V B O S Z U E B Q Q
T Z W C V N L Q R L F Z S S H O O B T B
J C K B O V O M K E L N T L P P P N O U
K N U C U P H Z E B S K G O K L Z P P V
T Y D C R R E W G P N X N A F I V Q B A
E D N G C Z N F Y M I R F N X A D G C I
Z S I C Z A Y E R A K Q N K P N Q H E D
X O V N G S R O T C L X K B T G U T D R
G B V B G V D T F T I G T S X K M O Y N
S B K R E A Z G E G M X M P S X I V Q V
A X F E I Z S G H R W C V F B M Z D G P
T D Y A E Q E K K Y E B I P G X V J M E
```

Milkins	Cope	Higginson	Ding	Burnett
Ford	Carter	Liang	Campbell	Selby

Masters Finalists I

```
T D X N R N N W X X W E T P M O P U V V
U L L A I Y J L I S G W P D C V B C B S
S H W I L S O N X H W J Q P W Y B H K E
H D J H D W X A A R D U L H C L N J C L
T B I F J J X O S U L L I V A N P T X B
P Y R N G M S Q Y D P K N M D K E Z F Y
U S B L G A T I L A L F I E U V R B G O
W Q L Q I A C D H O H O X O F S R K E O
S X Y Q S M T R A K A Q I N M D Y U J M
W K M Y T A V N W V G T R N M Q S S I B
J J R Y T Z L A K C S R O O M R C F P I
A Z U D R O P M I X X U Y S J L M X P Q
A Q Y R J M Y T N G M M F T Z X Y V G I
Q H P D V J J H S U U P P R U D M U X T
X C W H Y Z V H E O R S K E D B L J V O
T T E M R J Z Z B Z P Z N B K V B Z Q L
L D O B P A O C U I H P E O R C S F H C
P C A O N N Q D K S Y Z L R S G T Y Y N
J Q J Y V T U O K I U T L K C G F Z Z S
B M P V A Y P U A E U J A V M I T M B R
```

Trump	OSullivan	Allen	Wilson	Perry
Hawkins	Murphy	Robertson	Selby	Ding

Masters Finalists II

```
Q D D N L P H H M M X D T V I O O Q Y T
X M U F X L Z R H A B M F N J A V J F R
K V J L G B G I J B E R M M Y D L P Z U
K K J J L G F E Z G I B G B A O C V W Y
S D D V L O B R I E N Q K B B R F Z V I
A D R K Y J E N V E M H G Y M O N Q R D
U Z W C V I S F C N R M T J T D T S D O
P X G Q U A A D E T N B T Z O R R S N H
M C N R A I Z Y Z L E E V B U A P C B E
K B J T B S Y B M E E S T E V E N S K R
Z W R H P T D L N O X H U N T E R Q E T
S Y J N I I P S W I L L I A M S C P V Y
S P R C S G P U N O H X N E P K O I M N
G E C Z Z I G Z Z C Q U G F K M G A S F
Y R O X X I Z I Z W X D B O G O Q P P T
T V B D I W X Q N B S I Q F C S H R H E
Z E E M A F N M Y S H E N D R Y C C R E
S Z K R V V N W T Y S Y F U H M U Q L I
G A R O A W I Q A S M V B R K Q W N V J
B U W H X D S S M G C P B G U L W L I E
```

Fu	Lee	Higgins	Hunter	Williams
OBrien	Stevens	Doherty	Hendry	Davis

58

Masters Finalists III

```
O Z B V W H C X S P C V Q P I X H W N M
N T W W G V Y J P Y X N P B K A P C L P
W H R X C W F W J I J C P Q E M A R W O
K P R G F C H L N A S C E I O D C I X Y
Q Q M H D L E L T P E D N T S M H O E K
G S O E I Q Z N T W H I T E O M I Y C S
S Q U B V R S V O A H I T L O L G J D H
U B N F L D R Y R N S N D I P N G R Z T
Z A T E M L M E R P W E V W L Q I D H I
L Z J T F T M Z A M C M A N U S N T X F
S X O Z B M O I P V G Q Y X X Z S X R F
D C Y G A U Z T B Q B F I O T O F O K I
M X N I L O J H O V P Q W S N J Z Y Y R
O L S Z R M P O B Z W Q S D I E R W J G
M I N G Q A V R E X A Y J C H T G U I C
H S L J Q Z H B Y S T G J A X U W C J F
P U F M H B T U R I T H D W F Y J V I M
Y E H A W L D R Y Z A Z X W F V V L T E
H V X O L Z F N M X N I V L X J T Q U X
H A L L E T T V Z C A T A Y L O R P F X
```

McManus	Wattana	Parrott	Hallett	Taylor
Higgins	White	Mountjoy	Thorburn	Griffiths

59

Scottish Open Finalists I

```
F J B P U Y M D H D O U Y A M U D K X T
W K V Q M I D U H A S Q G N H L N W F U
H I T U Y P R I V E U X W Z O I T V B L
H T P D F P H T Q K I J N M G J F T N L
O X K D Z C J E I A H Z U R E A Z K X I
T W W C I R K Y O Q H V T P H S L P K G
Y B S M Y T E J Y T X D V C K D H L K C
T A L J O T J U P O A H Z C M O B S E M
Y B Q W V O K P M W I B D I C Z Y Z R N
P E Y D H W Y W G G A U Y F R S G D E P
V K Y U I Q P H V R F E S Y Y Z R E U M
E W Z Y F A R N U S Q L N B A T Z C Q N
P U M H L M A O F N C J N F U D Y I K E
W F B P D W M J B C T C A O Z C J H X T
J O A R Y G O C H E E G Z Z C C I I I
R I M U A W W C R D R N R Q C H O G S H
Q V D M V W N K Y X N T N P E G F G U W
C U F F P C S Z G E Q Q S T J N V I O Q
J T E D Y D L Z N A E T Z O M I U N Q L
O U V J U M Q L Q V V G S M N D M S V M
```

Allen	Murphy	Robertson	Cao	Fu
Higgins	Ding	McGill	White	Hunter

Scottish Open Finalists II

```
F T N H P R O P V P W O N J E M S X G Z
M N U T J M L I M Y S P V H T C P Y Z M
L N O Y R R U C H E N D R Y T C W S I Z
A Y Z I E R G H D T Y K I F N P N C E K
V C L Z V A A H T T B B O Y T Z K S I T
R J N K L O C D W M L U Q A Q U J W D V
U X L V I Y U H P X E L J R A O T Z S Y
A O W N A J Q K K K S K E G F X N C N T
Q H W D E K E P W U R J Y E J R F Z T U
P T C H T F I L Q A K W Z E N E Y V T B
I S C T X V H X V X V X D P U L Z V O S
Q J U Y V Z M P V B Z B X L V W H B R C
D I O H I G J V S U I U E D T A J W R W
K R Y J I C N K Q H A G J C O L S M A J
D Q A Z L H X E I U M L C F C T P T P T
K A R G I O L C X H N Z T L J F T C L H
M W V F O X J R G R X I D K F M B P K S
O D I I K U I L F K A D L N X O J G J H
V T T B S I U I N B E O H P K J C M K I
L Z L P J G A W A T T A N A Y T V W Q Y
```

Gray	Selby	Lee	Dott	Hendry
Drago	Lawler	Parrott	Wattana	Davis

Ranking Title Winners I

```
X J R F Z O L P D M F O S U N D L X C U
O B Q D N X B C S R Z Y T Q C A P L R C
J P T M P J A O U S D N J B O V W S F N
U Y P T D K M Z W J T M D W Y I B T U C
N V M K I O S U I L D Q H C E S M W W W
W Z U U N N E Q L C S F Q G E F V Z A Y
O T R X G P L B L E B V H B M X D D D S
S R T H W W B J I U R W O S E B S V O T
U I Y E H P Y X A D Q X B Q G Y V I J V
L H O N I Z L Z M S Q H W N L E Y W S H
L F C D T K H H S M Z M P A Z N X K N E
I N Y R E N F B S H D O P K W F M W O C
V S W Y L M U V N O O D P F I O Z J S G
A G G T W B F R I X H S M I H X R P T E
N N P S J T J F G X K W Y F T M G N R J
T K H G D D W D G X O X O Z G V L F E Y
M S W W G Q E Q I A H X M P N T W N B X
E I D E D U C M H W P X T P E O S R O B
B I E Z S G R Z Y B W Y V K Q U S F R R
A O U M Z B N U W U O R B P I Z S F D L
```

Hendry	OSullivan	Higgins	Davis	Williams
Selby	Robertson	Ding	Trump	White

Ranking Title Winners II

```
P I O R W H Y H Z C Q P C W U J Y A I J
V N I S Q F J Z D N J Z U M G Y A P N E
H O G J N L V C K R E X K V N T J N D H
Q C S L R W P D H O X Z Q L T Q M W M Q
F Z O D L E H A P L K G E H M N A O P I
R F G O I X A O C A R T E R C H G M D H
Z Y P Y A Y Z R C J V A T H J D U Y H I
K R D G S B S T D K N C C L E S I Q N D
T M L C A J A T A O L X T M Q M R F V S
G P C C E O J O T L N Y J O Q Y E G L G
X J W E J Q S R V L J T F Q C P K W V X
Z T Z J K H Z R P A Y R U P K B I G A I
A E K W T C O A Q M A E F P U I D P G W
L B J R F L M P K X W H L U S N J Q M Z
L D F L S K E J V J D O B J N G J E K W
E O B J D P L E Y H Y D P B C H F D M A
N N M U R P H Y L M P J M V B A K P G L
U N F W T X J Q U T Z U M A Q M L L B J
O G B X J W A W L X J T O G K I Y X Q U
P D Q Y B V F G D O B U Q N R G E O M F
```

Ebdon	Parrott	Murphy	Doherty	Allen
Bingham	Maguire	Lee	Reardon	Carter

Ranking Title Winners III

```
D B I F M Z R T C J K V H S A A R S K D
T S O B H I X L E Q Q P E C F C D C G A
Y E Y H Q I B Q U J O S X W H O Y M U L
I L R T A R K W X O L A N J A D A D T E
W W N S F W U M E X W V C T H T D Q G T
I O P K F P K G H Q Y S Y B D D T J U T
L N Z L U P U I X U R L W C I Z E A V O
S K T J T Y K I N N H G S A K Z X I N D
O G S O H A V S V S G U S R L A E E H A
N Q U Y K W A A G K F J U N P D T J K T
J L D N N S B E X H T E J B Z P E O W V
V O V I W V S H F E K X Z L Y C D N T X
F Q Q Z P F L U D M V F L E J K I Z M Q
T U E T D V Y N P V F D D B P M E U V T
N V Z S V G P T S L Z R I T P A H X U V
U Z U H J V A E L Y T P R G R O P L G J
U M B H B O E R M T Y P K Z C I Q V U B
L U T U U N X G N W H Z R Z V G R M W L
H J J Y T M J T T X P M E P R G P G X B
V X T R V J O V B B J L F R V R F I D K
```

Fu	Hawkins	Walden	Hunter	Wattana
Wilson	Dale	Day	Dott	Knowles

Ranking Title Winners IV

```
I F I F I S R N W H M B R M U X K S F D
M Q V O K Q M C M A N U S Q L W F M I M
E J F I Q E O Z E L U R Z V G M N A M E
I G B E U M S Q S M Q A T E Y Y J L B A
I D A R E V M Y K C O D J C D M B L V R
D I W V R E Y X A X P U T Z U V J D L E
D C U V M D W P Z Q T W N H O X T W Y X
N J G R C E W M P T M V A T O N G P N Z
Z G Q V G E E T Z E N I B Q J R Q P Z R
E L W Y I G Y N R J R Y D V E O B X U C
B Z C Z L S M G J H W R A W S A Y U H H
A K K C L G L T F K Z N Y P C R D Y R K
R K Z E Z D I W A G O U L D H K A K Y N
D U H J E Z D K B Y K B S E U B O A C K
L E B U J R U F H H L B J K I U A J Z M
A X U Z N P I G Q P A O Y A G Z Y G A O
S L L O C C N V Y S Z K R L I A N G K C
V H A R O L Z Z X W L G V A O D Y O P G
U P G D V N V P D P N M P X R R O X W T
R R M W H I T E T A H S Z E U Q X F Q F
```

McGill	McManus	Mountjoy	Taylor	Thorburn
MWhite	Perry	Gould	Small	Liang

Ranking Title Winners V

```
S C Z G J J V Z R B X O E A X X W R Y D
P U Z C J L R Y I J B S D A F U V X A Z
R T F T F L X A S E F H K X M O B F K S
Y J L G R J W T E J V H A F B W U D B U
Y H M M A U P A K V Z U J G P R B L S B
F Z R H N B M H Y C M E L L E C E H D K
P L K G C M Q R S W G D W N W U Z C U S
Z O L C I B K N Y Q M A C R H O T N E X
B O U K S E G C C Y Z I H P B I C Y U L
Q R C G C C H A P E R O N K O G T B I U
A G T I O W C P Z G T O A A U R E K Z G
Z P H P C J P N O K I J E C K O L S Y Y
E X X K F V M B J T Z A N R J E L W D J
L J P D U A N H Q G U C G O S G A G G N
T B R N T B W E U H Y M J T P D H I H O
J D T O G A V G M K U U T C Y S Z Y P H
X I L B H A M I L T O N I L I Y J P X I
U N S U N H U K S G C N C Z P A F T M J
N X E H A R O L D M U W L W O R U K N I
Z U C J Z T Q K W Z U Y F M F G C G K X
```

Bond	Brecel	Chaperon	Foulds	Francisco
Georgiou	Gray	Hallet	Hamilton	Harold

Ranking Title Winners VI

```
W O M Y D L P C Z X K O I N F N U Y K Y
A P X U S V F N B J Q L H S A N C U J W
O I J J Q T D Z I D L W X I Z D R F O I
K W M O X W Y J P W I H U V R V Y I J U
F D O E T O B R I E N W W B V O C J O O
W J G U K A Z S R Y Z U S A E W R O H J
F A C N H X I A Q T X Y J Y A I O N N S
V B U F Z B B O K J D U G V K A Y E S N
O I T O T A H D H F D D N V N E F S O I
C G W D M M V O B O A T S B K X J P N G
Y X W T T A E F V E N F K G Z I F B F G
R R O N X Z A O J V I P N Z G P N A R I
Z P Y O A Z A V A T N W F I S I K G R H
U O W S W S D O R M J T X Q P N P M O H
O V Q T R E I Z N P Q S A E E W G C P G
S N O R G M W E M T O S I M N F Y C Z F
Y V F E E A G N Z U X F Q A C X X H U W
H D J B U J Y Y Z F R N Z C E E J B P H
Q Z O O U K O R D R C B T C R V U N Z H
L J R R C Q X K S T E V E N S Z L R N Y
```

Higgins	James	Johnson	Jones	King
Meo	OBrien	Robertson	Spencer	Stevens

67

Ranking Title Winners VII

```
M W S Y J X V A K S I S I T T U X L A H
N J X Y Q P M A C J I K R Y Z K G R C W
U N Q E Q F K O D M V S U J T F B Z R T
G T P K C V I G C L I C Y Y R U P M K K
E E A Q S W A I L R T X G Y D L A E T C
V A E E A X C P X O F M X P A P L K Q K
V M T Y F R H Y E K B F V Y Y P S O A E
J Y R R O X G L E A J Q I I I L O I V H
E S A R Q J U I B U R K Q X W N J P E S
T G O E Z L F O K H O L T M F M L N Y O
X V Z C S S B S J X F T T C V P R O W N
R M N T N N V K Q N T O B H S T Q Y W E
N C U Z U O B H N S J B R J O Y O U L O
J L F W F M Z E D I U L L D C R J M E U
L E U W B Z T D X A Y A U R L B N N O T
O O W H T Z O K B Y J W G P W J T E G Q
I D F C P I N C H E S L W T K K G U A Q
Y I P U D F P K W P W E N M A P I J R G
C A M P B E L L T Z G R R Y K C A Y D R
T L K Z R F O L Y N H I G G I N S O N A
```

Thorne	Ford	Holt	Campbell	Drago
Higginson	Lawler	McLeod	Pinches	Swail

1979 Top 20 Part I

```
V D A N C C Z Q N W W E K P Q V W D N H
H U O J I T A Q I J U I G U U R T W W A
J S R D X U Y Y R A B J H Y H T A R W X
A Q V I F X V T L Z T E Q M I Y Y T A R
C N R N M J N D Z C Y Z O L J W L Z J S
V H X E O M J Y D K T O O M M W O C B K
L P P U L M A N C G Y M N U A E R G E Z
Z M K H V V N T Y R F M L N S I S R Y M
A I X G V I S P G M W E F G J Z L S N Z
D I Y R E A R D O N S P E N C E R M R X
C Y X I O C L V W Z Z Y V R Q Z E A U F
K Y H Z T D H X S J Q X M W G G J N B V
J A W B A Y A V A M C I N E D Q N S R W
H Q N A Z V F K S M Q F M L A T O V O X
I L X K D H E G N Q J O I C V D T X H G
B S D E V O F M I H J G L K I U L E T Q
Y Z T Q X A N Z G I R T E A S X R D M S
B V E Y A D B E G X M J S R E C A I Y A
Y O H Q V U O J I M W Z N P O B H Z I F
J D X W D T T Y H W R K E U U O C N O U
```

Reardon	Mans	Charlton	Spencer	Thorburn
Davis	Higgins	Taylor	Miles	Pulman

1979 Top 20 Part II

```
P U T S J E X X I J O W U E N V U N B S
R H J O I K V P T H Z Q U D I D T V S K
A Q R Q Z V A A N C G T L U T M D W I U
J C Q I Q R G O S W I M Q L K A S W M I
Y U P P G T V P H M S F S K C S Y M I N
C V G S F V R M U G U D D R Y J Y L M E
A D N Z H C X M O C S S H V Z T Q L O B
D Y I D D W L E N R O V F Q I H E C C R
K N S Q R J Z E X M T P O J W T Q I Q E
P I A V K X T A Z Z F P M B L H E F K W
E H N U C S B L U N O T B F Y O K F H M
L P P L T M Q D U G R T E G D R K E R T
L H H Y W A U Y E X C Z M N M N M C N E
Z K U V P I K I C P W F K I O E D V A U
E V A K L L Q Q U R O O Y N O Q N T H O
U R C A S L N A W C D H S N N N W D I G
C U F K R I T K X N A I C U Y D F Z L R
A A F M L W I L H Y E V L D P L A A U I
M K N P H F A G A N M O U N T J O Y O V
O I I X K I Z L I S T Q M H L B X L H X
```

Fagan   Werbeniuk   DTaylor   Mountjoy   Thorne
Meadowcroft   Williams   Houlihan   Virgo   Dunning

70

1989 Top 20 Part I

```
T M P C G Y A H D Q U M E S Q N V X F R
R U T N R M P B Q W J M Y S V B K N S R
G R I F F I T H S T A B I I J T M H G T
T D R I J Z B J N S G N H K H K C W Q V
T J G E Q J A W R K S M Q T C Z J I M G
E S W P D E P W A B I B O I R U W Y N C
L D M M O D S A V T T W W W G Q H A B Q
L L K W I G U T R R P C M H R K J T H V
A U G N M W N L M R T N Y I I N A H Y R
H O W C O I G L C T O E I V I C M O D V
T F V V Z W Y H D A A T S U B C H R U Q
G F Q L O I L T F Y P U T N Z Z D B Y K
I D A V I S T E K L S A B W R G S U R T
R W X T S C I B S O E R U H Q G C R D M
O I F O G I G T W R A N E I G F U N N G
I U L K P C R J H B P J B T C K Q B E G
R Q T S A X C E M F M J M E C Z M V H B
I S B Y U Q P U T Z B Z C I L E W Q N S
P U A B T F J X R P O T K A M S C B M Z
O R B Y M C R N O H D S V I I C Z K K L
```

Davis	White	Foulds	Hendry	Griffiths
Thorburn	Parrott	Knowles	Hallett	Taylor

71

1989 Top 20 Part II

```
Z P Q A X S O V Y S S X R B K R D R X X
Z M O S M M V I V X O Q Q I C B R M V P
L G K Q P K Y V F X Y O X T R N A W C X
D N U X Q J L V E V S C Z T C O G C T L
R N W Y B F E Y W S O S D A H S O M K X
S X P S N H I V I A M I K J A L L J S K
R N C E K E H I L N Z C U G R I H O E I
B E M S T T C R L Z Y N W E L W O H P P
X E W E R H J G I Z J A X W T C X N Z P
R E S C I O G O A T F R B A O O Y S X D
K H C X M R L R M V E F I U N Q N O C C
R F D Q C N I L S U C S S G F W O N L J
N J B F U E O G I V M M C V R X U E B I
H I G G I N S W B K P F R A N C I S C O
U L E Q L P X J S O J R M X Q O L I C R
F U Y S R R T N O W G S V O M W O C U H
R G T W L W S G R B M O O T S Z W Y I W
V R Y Z H L U F N S N Z C B D N C R X Y
Z H N U Y F E M Q D Q O M T C K F E O A
N M J O V C R B C Q D N H O O E V L E H
```

Johnson	SFrancisco	Thorne	PFrancisco	Virgo
Wilson	Higgins	Williams	Charlton	Drago

1999 Top 20 Part I

```
R V C L A P S H Y Y C B F L A Z Q E L Z
H E C X I B Y B A O C W B N Q V J G U H
J K O Q R B T X E B O S K N E M C W S W
B S A E O T R B K A H U J N W C Z B C I
I J E B Y T E Z A M W W A V M M I I Q L
P Y J D I M H N X L U B L A I A L M T L
R A E O S L O W R N N V Z F R N S R P I
C F Q N P W D K V Y E U Z H X U Q B P A
Q I L H R U I W X O T W I A F S X F H M
Z A S W H E V C X U Q W C W J J R I A S
N K B O I Y K C X F S K V W J L R G B H
A J X J G Q X Q D T O T T V D Y D T I E
V U C U G J S L T X M Q F A W R J E S S
I B H D I Z D B H Z H S L V W R A Z Q H
L K R F N D Y A T Y P D I F U N K G Y M
L B K U S B P A R R O T T W O J X N O G
U X Y E M P X U W D D C F N B A X Z Q E
S M L N Z Q K T C N K K E M O Q Y F A E
O G E N H I C W W E O K M M A T F X S W
O I E Z S K M Z S H Y Z C V K W D M C R
```

Higgins	Hendry	OSullivan	Doherty	Williams
Parrott	Ebdon	McManus	Lee	Drago

73

1999 Top 20 Part II

```
H S Y V R R X J C G G D E I T H H R C C
U A X U K F S W Q G Y M J B T W Y L B N
K X M D C W O B U I J V W C V N G B K I
E Q W I L Q R Q F J J Q R F Y T M V Z N
X E I Q L K S Z G Q K W O X A H F I X F
S A L I H T T I U A G M X R R Q V V G B
W N K K V P O Y F O E S E B W N F T P L
M L I I R T V N N G B J Q O A R C C T W
W J N J U X T R C N J R F N T N O Y L R
V L S W E N F O P G H X I D T I U W Y Z
V C O A Y Z U B K F R W B E A C G W Y O
U O N S H Z H I I T R P R I N X P Z I N
X D G N N O R D N Y V E L R A J G C K D
K U T H O Z E O G M D Y O X W H I T E H
Q J Y A Q E T U Y L O B M R Q N W H G A
W W J R R W Q X B R V D K U C T X L G R
Y Z W D N W W H W G F D G X Q Q L A H O
A E B Z N B J I D Q C T R A E M D Q F L
U N Z T T J G F H F J N L H P K N M K D
Q K H C Q V C D A V I S N A N C E M G C
```

Hamilton	Robidoux	Bond	Davis	Wattana
King	Wilkinson	White	Harold	OBrien

2009 Top 20 Part I

```
D P H X Z B D V K H U V U H F L E P E A
K A R O B F C E A V Y M T K P S E L B Y
N V Y S S Q O U B G C G U G V L V B E G
R Q B S G U A I I U S C G M W O V O S K
L N C P Q J L Q F H Z H P U O I Q O N Q
C A R T E R J L H P Q J I X J L G W I O
M Q H R E U K N I K M Q P G C K H Y G M
K G S P J V R O C V G E V Y O E E M G A
J N R Z O C F S A M A A L R M Z N E I G
Z D A J H X F T L K S N A T V U D Z H U
X G R X M P F R Q Y M U W Q V P R J P I
P K C M T J Y E F L J Q H R I P Y P I R
T A Z B Q U J B Y F P R F Q S G V Z H E
B G Y N V R S O J N N X X E V R H O Y
Z E P O D M C R L U S D U W P Z X E E I
X C P D G Z D Z F D P E E J H Z F G M N
W R D B A D Y V Z O R P Y V W B Q Q D A
D A S E C X X T T S K O L M V B E I Z H
H H H T R J T Q M C R D A G M K E P B J
P G L S U J W Z I V P U B C D E S B O J
```

OSullivan	Maguire	Murphy	Selby	Higgins
Hendry	Carter	Day	Ebdon	Robertson

2009 Top 20 Part II

```
R D Z W R P C D R X Z F M O H Y Q B R O
M S A X T Y D Z N C I V K W W P A M S B
V G V M X Z Y N G B K Q F Y J Y H U E O
C W J E M M T G V I D K E S C G U J G K
L U K G D C R A T P B R E L O W M Y B Q
X I V M I E E N E H X E X W P K P Y Y P
D Y U G N I H E R N S M D I E L X B L Y
R Z L C G N O W O N X J S R Z W K M Z Z
E I I V G J D M N Q F B N R Z K D X F H
B E U W N M B S E P W R E K F W W J E L
P N I Q V O F J L V E P V J B U N W R C
K I G Q H L Q P L H F U E B H R E S Z G
J I X W M U H P A N N A T R R Z U H V I
H C N R H R D Q Q M L N S G R Y W K C W
G X J G M Z B A K J J W L K I Y M J Z S
K O X S K B E Y U Q I W J R O E O T E X
F Z S M Z T C B G U I N P W I U O I T B
M O L S E L X T Q L Y O D C S X F S T W
W O Y S W A I L R J V L P M D M P I O G
G C L H K P Q F Q Y Z Y G D F Z B U D T
```

Ding	Perry	Dott	Fu	King
Allen	Stevens	Doherty	Cope	Swail

Scottish Players

```
D Q B X B W C J N D V K I R F L Q Y W D
H P N D Q S W U Y R K R A Z H Z W I X S
A N D M D M S J E M R E R U S V K A M K
F G K A O C X D S V M K I B O I I N A C
L U S V N M B O I T S V P O A T T L G E
X E T U A A L T N P L W I E N V C H U J
E L I X L N D T C M N Y N X X I A I I O
M S Q W D U F X L X N Q Z I G G H G R J
E J T J S S P S A E W M Z B H O Z G E J
B Q V C O B B O I W U L B G X R T I Q O
H T E A N L U A R M M J B H V W R N R Y
I E G M M L S R D J J I Y W I F L S X H
V W N N Q I I L N W N L C E H S N Q J I
E W N D Y X B W Q E A A K W F I A J V D
Y L A L R T A F J K T H G G H U R C B D
W V R A K Y Y W I D S T H E I J F J R Z
Z O I X T S Q K A T Q J L T W M F G A Z
O X U B F Q Q B C R K X H J L Q C C Z Z
E A M V R Y I J O V R Z P Q A Y G M P V
P M C G I L L T D B I W O P H S G J B B
```

Higgins	Hendry	Dott	McManus	Maguire
McGill	Muir	Donaldson	Burnett	Sinclair

Irish Players

```
W J C T X D D O D L B M J J U D G E Q P
H E A P H L K Q N I L V I Y S D W L P E
R U D A X W F G R H O J Q K X F L V G A
N N V A T B M P X X C V T Y N I H J G A
B Q R F H I C J P L Q C C D O U E H U J
F B B X M Z U F J U W P H A N C W U O U
K A W A H X L S F F J B S T E P M X X Z
Y Z N V T M V T A L G O E H U B U P V S
R E X S O G V J G G Y I H R H Z Z O T L
A D B A S Y B K A D H L K Y G E V G Y M
S N F X K B O S N C F E O Z O Q R J L T
F A U M M U O T Q K O A U H N T J Q L Y
H N N E V Y G Z K V O U C Y O C A F E D
X R O W I S I J J B B J Y F D E S O N U
B E N D X D O H E R T Y S A O J E W N A
M F U A C D C D A N K C W E O N L A O S
N Z N L N J A C J P R X A X V I U X D F
B V N Q K Z M O R R I S I Z V J Z W C L
D O O B R I E N U R Z X L C Z S T V M H
Y M E O N W H Y D J P W P M J Q U F O K
```

Doherty   OBrien   Swail   Fernandez   Morris

Judge   ODonoghue   Fagan   Boileau   McDonnell

Welsh Players

```
J Y H F Q J C V D R N L G H V F A O E V
N N U Z N D I S T O C L O Y U Q G S C A
B S H A W X T Q N Z F J N W V R X N M D
B U H L M V R L M K V F P I S X W E H J
L D P I V D Y J B R G H W L T M A V F W
G Z G H R I Z T L B A R H L F T K E X U
K P H D F A C C R O Y M I I L T R T K Q
M O R G A N N G W F I Y T A C V P S H X
O S Y K Y U I I F O E M E M E K B D F B
A S J N A E B L V R W F S S J I F N W N
O W O I D T C U H R K T H L D F U O U H
F O H R H U J R N W D M L B X L C C X O
Z X K U E U B V A R I O G H I L Q B E J
B R G D V A N E G T W J S T Q V R M U N
P P K Z Y H R B K L D I Y F X H W A O Y
P D W B X L P D N W U H T H X F I M M I
G M W O Q W P A O R P X P P A G E C H E
M Q T U L Y Z Y U N Q P L L M O G Y J L
X H P K N T B H K Y U V X S J T U X J A
L Z X U J E S Z D D U H H A V K Z T U D
```

Williams	Stevens	Reardon	Day	Morgan
White	Page	John	Hirani	Dale

Australian Players

```
X K D A K G X X G X D S R A L G J H N K
K O K P T I V U J G S U W P D W V R E Z
M E J O L A N N O R O I N T G J C L S X
P Y F M Q R G G N E I R O H J Z M V F L
T H R S Q N V B U J P A S U A M I N D N
U N P I H G G O R J Z V P O J M K X Z A
S Z Z M L V E L D A E D M G S Y N P C A
L R V P T O Q T N S F L I W X X Q M R I
N R G S F A H O I J M O S A H M O K Q N
P H G O Q F E N L K G F G T H A N N V P
D S K N F G Q R G O O A V K X M U N G M
Z W D U T B C J B R J B L G M R P O N S
L N A M X J K W M A Q Q U N W T J T E C
D Y R W C A M J Y T L K F R R I D L O Y
K B J G M R J R O B E R T S O N Q R M Z
Q O D B C I R U W V P H H C V A C A V U
K P Y D E E Q L A O D W P Q V K J H G S
A P W T V S T O T X C N Z P C L B C L K
O R F O R W G T B P G R O X R Z A G M X
C X S B B K O M J C L O O T L S L V R G
```

Robertson	Charlton	Hann	Lindrun	Simpson
King	Foldvari	Dunham	Simpson	Bolton

Most Matches Won

```
T I Z R H W R R G W B Y R H T M P E U V
Y E I Y Z I H O X X P E U H G Q C A R L
F I M T I H G I M U R P H Y W H J Q H Z
S I D J N T T G T R R O P B J V Z Q U R
W E B W O M M O I E W W Z U C O S H W J
N R L T H E V V N P I W W C S A Y G I
U S M B X S G X N D S L P Y Y U A J Z Y
K M J R Y O U M P P J L A V V L I W M H
H J W I P Q E J F Q D I D V X L U P B Y
M E G Q M T E M B E Z A F X R I R I I L
A H N B Y Z D M T M K M V D R V Y R K H
H B W D T E U V W Y B S I I D A L G O U
G Z H J R X G Z F O H R B T S N T V J N
N U N P K Y Q L T H Z V C Y R F W Z G Q
I M C K J G W U O Q S E D U X E N O C D
B C G L P B D E R W Q A R T Y U O U K S
F B G I A U C F W R I P D F W Z O I H E
L A Q G Q G W J L I Z W G P X S U U F J
B K J U R K Q R N W X E Z O Q O G Q O V
G F Z K E T P Y G B I U D O H E R T Y K
```

Higgins	OSullivan	Williams	Davis	Hendry
Selby	White	Bingham	Murphy	Doherty

Most Centuries Scored

```
M E L F W E W A O A V U N I D I Q R H J
X K O M L U X Q Y X H G V Y U R H M Z B
L F I B S Z S K G L K Z O K A W T U F B
P O F G E A O M L C J L D E H K F H Y A
D P Z G Z G O S S X S S Z R T A S I B Z
K C V V N X V Q U Y G K M Q E O P G L R
T R A V Y M B V Z L G F D V L K C G E W
V C Z B I K U E E U L U M B W A H I S X
R D O N N R E M F U H I R W W N E N X X
B Z N R J K L K U O V W V F F U N S G Z
D L Z W W W P E Q R V Z N A Y H D C L A
O B F K K Y L B G N P V D M N U R U S W
K T S F Y Y E T N I A H U I W K Y X M V
W M J K B D W R I D D S Y Z Z K A B A X
F C E Z G G I U D P D K A C B W J O I N
Z K K K Y L M M Q J M P D O Q V Q U L H
B R N X W M H P D B R K S W W J I G L B
P X G R H X R O B E R T S O N S V K I N
V R D C W O N I K X Y M O Q F V Y Z W T
N B J U X D W S C T T K P B S J O G B H
```

OSullivan	Hendry	Higgins	Robertson	Trump
Selby	Ding	Fu	Murphy	Williams

Printed in Great Britain
by Amazon

76731197R00050